吉金著述叢刊

兩罍軒彝器圖釋

〔清〕吴雲著

孫海波批注

中國書店

圖書在版編目(CIP)數據

兩罍軒彝器圖釋 / (清) 吴雲著; 孫海波批注. --
北京 : 中國書店, 2025.1
(吉金著述叢刊)
ISBN 978-7-5149-3584-4
Ⅰ. ①兩… Ⅱ. ①吴… ②孫… Ⅲ. ①金屬器物—中國—古代—圖譜
Ⅳ. ①K876.42

中國國家版本館CIP數據核字(2024)第056200號

兩罍軒彝器圖釋

〔清〕吴雲著; 孫海波批注

責任編輯: 趙文傑

出版發行: 中國書店

地址: 北京市西城區琉璃廠東街115號

郵編: 10050

印刷: 北京建宏印刷有限公司

開本: 880㎜×1230㎜ 1/32

版次: 2025年1月第1版第1次印刷

字數: 137千字

印張: 17.75

書號: ISBN 978-7-5149-3584-4

定價: 185元

出版説明

吴雲（一八一一—一八八三），字少甫（一作少青），號退樓、平齋、抱罍子，室名二百蘭亭齋、兩罍軒、師酉二敦之齋，浙江歸安（今屬浙江湖州）人。吴雲收藏銅器、碑帖、書畫、古籍甚富，又大量收藏古代璽印，編有《二百蘭亭齋古銅印存》等。

《兩罍軒彝器圖釋》（以下簡稱「《兩罍》」）爲吴雲所編纂，所謂「兩罍」，實爲吴雲先後收藏阮元、曹載奎舊藏的兩件「齊侯罍」，并以「兩罍」作爲齋號。

《兩罍》是在吴雲《二百蘭亭齋收藏金石記》（以下簡稱「《二百》」）一書的基礎上增删而來。《二百》成書於咸豐六年（一八五六），全書四册，所收器物皆爲吴雲自藏。該書第一册爲商代器物，第二、三册爲周代器物，第四册爲漢至唐代器物（第四册僅存目）。太平天國運動之後，吴雲所藏銅器、書畫、古籍等皆有所散失，後經重新訪求、搜購，將其所藏古物編爲《兩罍》一書。

《兩罍》全書共十二卷，有同治十一年（一八七二）、同治十二年（一八七三）刻本。同治十二年刻本由同治十一年刻本修訂而成。全書共收録古器一百一十件，皆爲吴雲自藏；其中商代器物十九件，周代器物四十件，秦漢及以後器物五十一件。每件器物皆有繪圖，并記載器物尺寸、重量等資訊，對銘文的考釋也較爲詳細。

在器物繪圖與體例方面，《兩罍》有所創新。容庚指出，前人多以雙鈎的方式來表現青銅器紋飾，而《兩罍》改用實筆，更加逼真。但是綜觀全書的器物繪圖，也存在一些不足之處。第一，繪圖體例不够統一。《兩罍》的編纂是以《二百》爲基礎，而一些見於《二百》的器物圖像仍用雙鈎方法表現。第二，繪圖水準并不高明。吴大澂致王懿榮的信札中曾經評價説『退樓寄到《圖釋》四册……款識字尚可，圖則不精』。

在器物定名方面，《兩罍》比《二百》更加細緻。例如《兩罍》將《二百》的『虎父卣』改爲『虎父戊卣』，將『䜌卣蓋』改爲『䜌父辛卣蓋』等。

在銘文考釋方面，《兩罍》也對《二百》進行了一些校訂。例如『齊侯罍』銘文中的『於』『用』兩字，《二百》未能釋出，《兩罍》則參照曹載奎所藏器銘，正確釋出。總體來説，《兩罍》對銘文的考釋略勝於《二百》，但其所撰跋文又并非完全關於銘文的考訂，正如王懿榮致潘祖蔭信札中評價所説『釋文中參雜鑒賞語，文頗不雅』。

本次所影印《兩罍》的特色在於書中存有孫海波的紅藍兩色批語。孫海波（一九一一—一九七二），字銘思，河南光州（今河南潢川）人。著名學者、古文字學家、歷史學家、詩人。有《甲骨文編》《古文聲系》《中國文字學》等著作傳世。總體看來，孫注内容可以分爲如下四類。

第一，對器物著録資訊與類别的批注。孫海波在《兩罍》目録之後標明『共百零二器』（此與容庚統計有异，是未計入器名相同的重複銘文），又如在『周禄康鐘』銘文摹本旁批注『阮三・五　攈二之三・十九　徐十・七　愙二・十八　商一・九　周一・六七』，都是對著録資訊的關注。同時，孫海波還在卷三『伯到尊』銘文旁批注『壺字，則是表示對器物類别的校改。

第二，對銘文的校對。例如卷一『虎父戊卣』蓋銘中的『父』『尊』『彝』以及器銘的『元』字，皆有孫海波的補摹，并且明確注明『據《殷文存》上・卅八校』。又如卷九『永始鼎』器銘中的『永』『守令』與『第』字，皆有孫海波對銘文筆劃的校改，同時批注『《漢金文録》一』，則是標明校改的來源。

第三，對銘文考釋意見的訂補。此類内容在批語中比重最大。例如卷三『禄康鐘』，批注將原釋文『作』字塗去，在『甬宏』二字旁批注『虔』字。又如卷三『臤尊』，批注將原釋文的『滑』改釋爲『淮』，又對『公』字批注説『非公字，一釋古，齊地』。又如卷三『齊侯中罍』，批注將『中』改釋爲『女』，『入乘郜』改釋爲『人民都邑』；又如卷三『兄光敦』，批注指出『兄光』并非兩字，而是『兄』字繁文；再如卷九『永元洗』，批注將原釋文空缺之字注釋爲『工』。……

以上種種都是對《兩罍》釋文的改正、訂補。孫海波對銘文改釋吸收了學界較新的觀點，因此大多正確可信。但同時也有《兩罍》釋文不誤，而孫氏批注錯誤的情況。卷六『史頌敦蓋』銘文正是一例。原釋文中『隅』字的釋讀雖然不一定完全正確，但以『禺』爲聲符則并無問題。而孫海波認爲該字右部爲『阜』并改釋爲『陴』，顯然是錯誤的意見。

第四，對銘文真僞的辨析。例如卷一『庚午父乙鼎』，孫氏不僅批注『僞』字，還對清代金文書籍收録的同銘拓本進行對比，認爲共有三個版本的銘文。又如卷六『岑妃敦』，孫氏在其銘文旁批注『僞』字。其實，《兩罍》收録的僞銘還遠不止這些，清代陳介祺已經明確指出《兩罍》卷七『亶鬲』爲僞銘。此外，卷八『周齊良劍』『高陽左戈』等器銘文亦是僞作。

中國書店出版社此次出版所據底本爲清同治十一年（一八七二）吴氏自刻本。原書板框高二百零四毫米，寬一百五十毫米。

中國書店出版社

二〇二四年十一月

目録

同治十有弍年秋九月

兩罍軒彝器圖釋

德清俞樾署檢

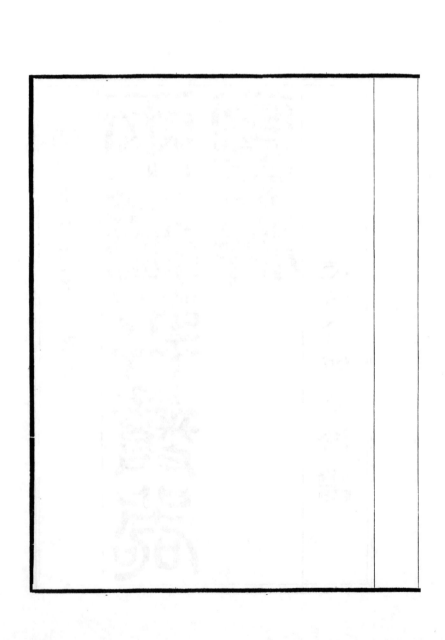

嘗讀趙德甫金石錄知收藏古器實始於劉原父而集錄前代遺文則自歐陽公蓋其時河南文氏眉山蘇氏廬江李氏三十餘家家有其器人識其文呂大臨考古圖所載甚詳厥後董廣川薛尚功王順伯黃伯思王復齋翟耆年王子併輩競相蒐討各有專書宣和朝殫人主之力四出搜采一時三代兩漢之器充積上方於是繪其圖形

兩罍軒彝器圖釋序

摹寫銘識彙為博古圖一書使閱者於三代法物昭若揭日瞭如指掌可謂盛已元明以來君子行道凡夫輩於篆籀形聲之學雖稱專精而於先秦古器未有紀錄聖清稽古右文鴻儒輩出 西清古鑑抉擇之精攷證之確遠軼考古博古諸書乾嘉道光間阮芸臺相國起為提倡學者宗之所著積古齋

彝器款識當日海內名士莘集幕下辨識古文奇字既極精審而所錄銘篆又從拓本影摹迴非世傳彝器諸書轉輾傳鈔全失真面者可比雖其中亦間有可議之處而三代文字之不絕於今者實賴此書維繫之也同時畢秋帆尚書王蘭泉司寇翁覃溪閣學錢竹汀宮詹孫淵如觀察亦皆各有著錄自張其軍繼之者則有吳荷屋中丞

兩罍軒彝器圖釋序

朱椒堂漕帥葉東卿師劉燕庭方伯吳子苾閣學呂堯仙中丞張叔未解元俱不靳重值爭出購藏地不愛寶往往於頹垣破壁高原古塚之間躍[illegible]呈露日出不窮以應好古者之求較之趙宋盛時殆又過之所謂物常聚於所好好之而有力則亦無不至者也攷趙宋當日西北用兵古器物之出土者恆在齊魯荊楚間乾嘉以來海宇盛平士大夫所獲古器多出秦

涼境內西北土燦銘款完善者多此三千年以前古人制作精微所寓彰久必發造物亦不能終祕者余束髮受書即有嗜古之癖嘗讀前漢書梁孝王寶愛罍尊致身後猶釀宮庭之釁竊意梁王為竇太后愛子景帝同母弟也史稱其庫臧金寶之富過於京師何獨於一罍尊而珍愛至此當必是三代法物史臣失記但以一罍尊名之

耳曾舉以質塾師頗為嗟異及長補博士弟子員顧舉業雅非所好常出游蘇滬從朱青立昂之講六法與黃秋士鞠翁小海雒瞿子治應紹徐紫珊渭仁交諸君皆以書畫爭鳴獨紫珊兼及金石然亦非專門也至嘉興訪張叔未解元出其收藏相與上下其議論心竊慕之迨官江蘇往來大江南北交遊日廣見聞亦漸擴生平

所收桓碑彝器法書名畫之屬頗亦匪少乃兩遭兵亂散失過半而性之所好終不能恝亂後輒仿燕昭市駿之法懸金以求初意止望收回散失之物而故家之弃藏有由是而得者轉或出於所望之外不可謂非翰墨緣也迴憶四十年中所蒐羅加以親知所投贈雖不敢自誇其富抑亦一生心血所積也爰出篋中所藏上自商周下訖五季無款識者

兩罍軒彝器圖釋序　四

不録涉疑似者必汰釐爲十二卷屬世好汪嶸坡茂才泰基張玉斧上舍瑛精心鉤摹二君好學深思能於器之形制篆文不爽毫髮匪直爲觀美也亦藉是以助攷鏡之資耳自壬戌年罷官以後杜門跧伏專事鉛槧脫稿即授梓人所著尚有古印攷藏十二卷古竟録三卷閱十年始得竣業剞劂亦竣因思歐劉趙薛洎考古博古諸書所

載之器今存於世者百不逮一賴其書尚在後之人撫卷流連求所謂雲龍示變饕餮禁貪斝以戒喧舟以警湎者猶得按其圖制繹其銘文上窺先聖所以鑄器象物作則垂憲之深意則所繫亦綦重矣嗚呼嬴秦焚書之後禮文寖失漢儒間出臆度學者無所質證不能不沿其說即如周書顧命七兵戈之外考工不言其制鄭氏謂戣瞿爲三鋒矛孔說

兩罍軒彝器圖釋序　五

戟屬後儒辨説紛紛莫有定論程易疇瑤田著考
工創物小記辨證戈戟累數萬言阮相國采入
皇清經解而於戣瞿終未明也使易疇當日得見
余所藏二器正可不煩而自解然則士生今日欲考三
代以上之禮數遺文舍古器其奚取證哉昔余丙辰
年著二百蘭亭齋金石記專録家藏各器庚申之
變書版遭燬器亦間多遺失猶幸印本尚有存者

故得重摹入録夫物有聚必有散再閲百年器之存否不可知而是書或有時而傳也因述生平蒐集之專與愚難得先之由著之於篇以視原父之所記歐趙之所録或亦後先同意也夫

同治十一年壬申秋八月歸安吳雲書於金石壽世之居

兩罍軒彝器圖釋序 六

鐘鼎文者何古文也黄帝史倉
頡作古文歷唐虞夏商周不
廢周宣王太史作籀篆大篆十五
篇小篆古文僅史官存學童用
之其餘書之竹帛勒之鐘鼎者
古文也秦并天下始罷不與秦
文合者於是小篆隸書盛行

兩罍軒彝器圖釋序

古文舉孔氏壁中所得簡及鼎彝之屬藉可考見一二許叔重而謂郡國往往於山川得鼎彝其銘即前代之古文也自漢以來古器罕出民間得一器輒獻上方侈神瑞學士大夫尠見之趙宋然後著云録范輯古文

徵引至七十餘家僅列傳世珪劍銘三代法物多闕焉如宋以來為原古家搜獵始夥至王俅呂大臨薛尚功之書出而此學大顯易曰形而上者謂之道形而下者謂之器湯盤孔鼎垂之九經是道實即器而寓此學者能

通古文以求古聖人之道焉是
其在居載觀察歸安吳君平
齋勤學耆古居恒一彝一器摩
挲考證累晨夕不倦其好之專
故其擇之精而藏之也富比示所
著兩罍軒彝器圖釋十二卷
屬校勘而序之上自商周下逮

五季凡百有餘器而商周之器居十之六於乎可謂大觀矣余於此學未涉庭塗鐘鼎尊彝平生所見無多惟夙習許氏書有見於鼎彝之銘即前代古文與小篆流變而源實同則亦肄業所宜及也讀君所集

兩罍軒彝器圖釋序

穿穴羣籍疏通證明如所命哉戣瞿自來無確解今得實見其物及勿字弓材象字中直不違之解不一而足皆經學小學家所未及其說古器物足以羽翼經史字書所闕固有加乎宋元明諸家之上者矣爰

爲校勘一過綴數行而歸之

同治十有二年歲次癸酉季春

之月吳縣馮桂芬序

兩罍軒彝器圖釋序　四

余嘗著羣經平議解尚書巽朕位謂巽為篹之叚字及讀辥尚功鐘鼎款識有宰辟敦三與文並云用饌乃祖考事則固嘗叚饌為篹又著諸子平議解晏子春秋賴君之賜得以壽三族謂壽為保之叚字而辥書載尗液泉魯正叔槃並云永壽用之則固已叚壽為保古彝器銘詞之可寶貴如

兩罍軒彝器圖釋序　一

兩罍軒彝器圖釋序

此吾人欲讀古書安可不觀古器哉老友吳君退樓癖嗜金石收藏富有因出其所儲鐘鼎尊彝之屬鉤摹所精刻之爲兩罍軒彝器圖釋十有二卷其中款識兩器即顧命七兵之二歷三千餘年鄭孔諸大儒所不能言者而今得見之古器之裨益經義爲不淺矣兩齊侯罍乃君所以名其軒者

故為說加詳足補古饗禮食禮之闕余讀其銘屢言璧玉備玉乃悟周官玉府之職共王之服玉服玉即備玉也古服備字通趙策騎射之服史記趙世家作騎射之備可以為證鄭司農解服玉為冠飾十二玉殆未得乎余從前未讀君書故羣經平議中不克援引此器以解服玉之義益歎古器之可寶貴也

李義山云商盤孔鼎有述作今無其器存其詞若君此書則存其詞兼存其器大小輕重悉依　本朝權度而詳載之一展卷而古器宛然在目非好古者所尤幸乎是葢於阮氏積古齋後又成一鉅觀洵考古家必傳之書余識見淺陋不足以考訂異同辨別真僞惟研求故訓積有歲年深知其有裨於

經義故輒書所見于卷端亦欲讀是
書者勿徒以為耳目之玩也
同治十有二年太歲在癸酉畢陬之
月德清俞樾譔并書於春在堂

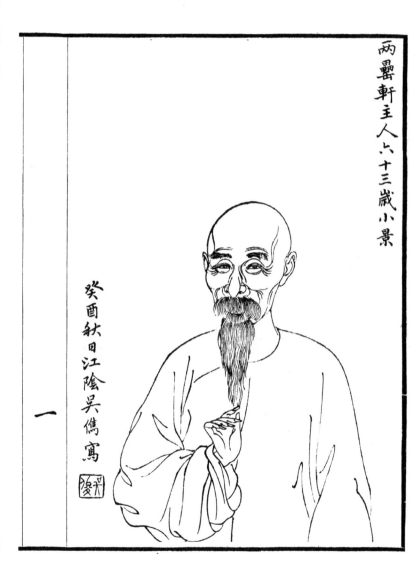

兩罍軒彝器圖釋序　三

兩罍軒主人六十三歲小景

一

丞謝先組脩然林麓季鷹蓴鱸泉明
柘鞠有子克家皓蒼生福風月婆娑
聽楓詩竹禹鼎湯盤研求商搉窅穴
經義津逮後學豈曰翫好徒悅耳目
即器見道偉哉斯錄

兩罍軒主人作彝器圖釋既成寫其目於卷首
隸安沈秉成為之贊時同治癸酉八月朔

成

兩罍軒彝器圖釋目録卷一

商

兩罍軒彝器圖釋目録 一

兩罍軒彝器圖釋目録卷三

周

兩罍軒彝器圖釋目録　二

兩罍軒彝器圖釋目録卷四

兩罍軒彝器圖釋目録卷五

兩罍軒彝器圖釋目録卷六

周

兩罍軒彝器圖釋目錄 三

兩罍軒彝器圖釋目錄卷七

周

兩罍軒彝器圖釋目録卷八

周

兩罍軒彝器圖釋目録卷九

兩罍軒彝器圖釋目録卷十

漢

兩罍軒彝器圖釋目録　五

兩罍軒彝器圖釋目録卷十一

漢

兩罍軒彝器圖釋目録　六

兩罍軒彝器圖釋目録卷十二

魏

兩罍軒彝器圖釋目錄　七

共百零二器

工部營造尺式半具

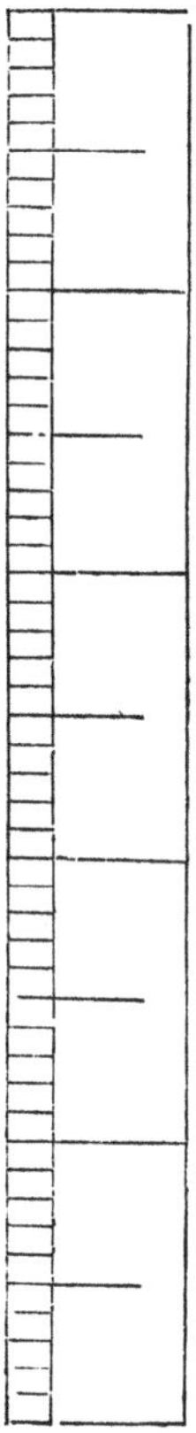

右今工部營造尺式按尺度之制史志所載代有區分雲
今攷訂家藏彝器不用古尺而準會典所攷工部營造尺
者尊
聖代之制也因思隋志所列十五尺其制已莫可詳攷惟
孔東塘尚任所藏之慮俿建初尺今在衍聖公府中謂即

兩罍軒彝器圖釋尺式 一

隋志所列漢官尺十五等之一也翁阮諸先生皆據以定古鐘鼎彝器自可徵信因以營造尺衡之則營造尺當建初尺一尺三寸五分强準此以度量彝器則用今尺仍不戾於古而一代之尺度昭然矣

兩罍軒彝器圖釋卷一

商冊冊父乙鼎

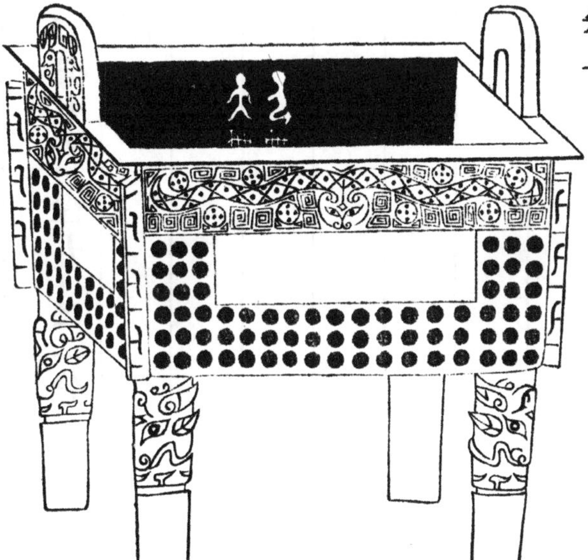

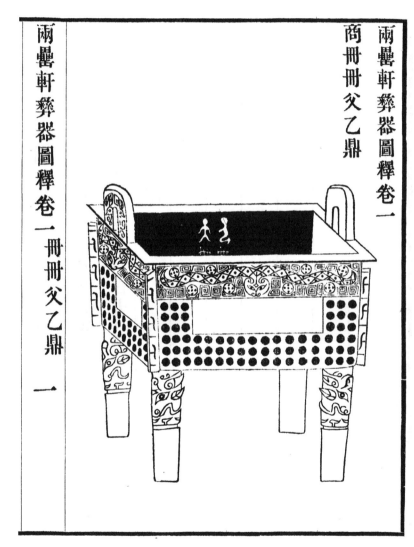

兩罍軒彝器圖釋卷一　冊冊父乙鼎　一

器準工部營造尺通高六寸八分深二寸七分耳高一寸三分前後徑四寸一分左右徑五寸三分足高二寸七分重今庫平八十八兩

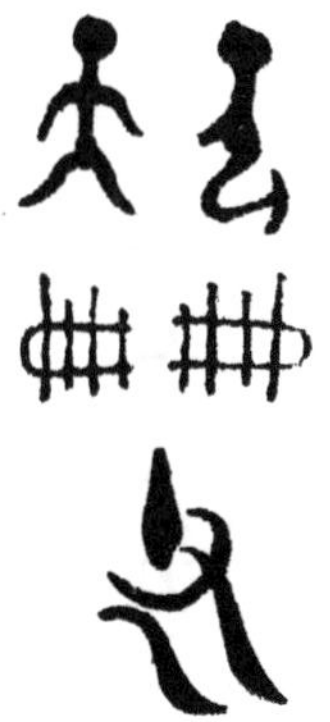

子冊
孫冊
父乙

兩罍軒彝器圖釋卷一　冊冊父乙鼎　二

右銘文六字阮文達公釋云子坐孫立作授物狀下作兩冊者紀君命也在禮有爵祿者始爲祭器而爵祿之賜必受冊命故周器銘往往有王呼史冊命某某等語商人尚質但書冊字而已子爲父作則稱父以十干爲名字商人無貴賤皆同不必定爲君也此器舊藏積古齋今在兩罍軒

商庚午父乙鼎

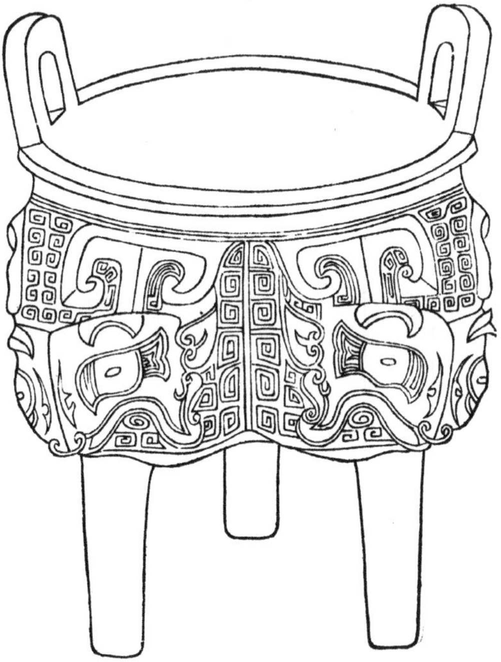

兩罍軒彝器圖釋卷一　庚午父乙鼎　三

器通高今尺七寸深三寸足高二寸七分耳高一寸二分
口徑四寸九分腹圍一尺六寸七分重今庫平七十四兩

僞

商乍北田錫貝鼎 愙齋作庚午鼎

阮一、十二 攈二之三、五七

愙齋所藏字較此爲大 阮攈所录字較爲小則知諸家

所录所據有三本耳

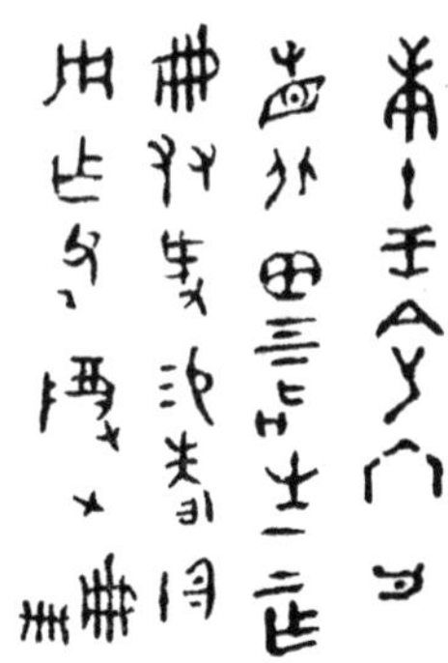

庚午王命□□□

相北田四品之一夕作

册友史錫賚貝

用作父□尊□册册

兩罍軒彝器圖釋卷一 庚午父乙鼎 四

兩罍軒彝器圖釋卷一庚午父乙鼎　四

右庚午父乙鼎銘文三十字與博古圖積古齋及嘯堂集古錄所載略同或當時所鑄不止一器也北田四品以阮釋爲最確

商立戈父丁彝

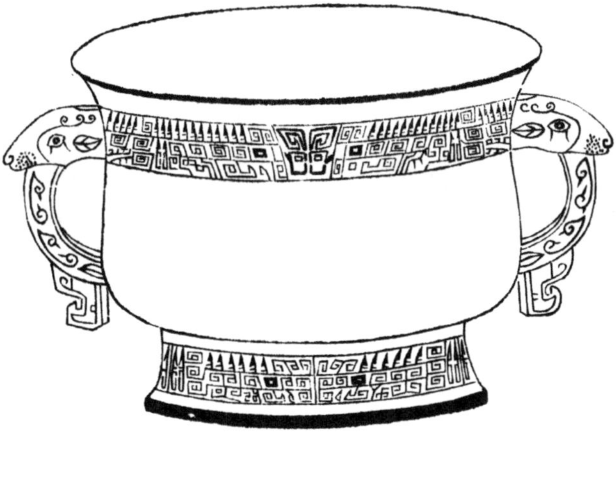

兩罍軒彝器圖釋卷一 立戈父丁彝 五

器高今尺四寸一分深三寸二分口徑五寸六分腹徑五寸二分圍一尺六寸二分底徑四寸三分重今庫平五十六兩

立戈形　父丁

兩罍軒彝器圖釋卷一　立戈父丁彝　六

右銘文上作立戈形下父丁二字按商人制器多爲物象

阮文達公謂立戈以旌功也程易疇瑶田曰古戈字下作

巾者乃木柄有根之形

商父丁彝

兩罍軒彝器圖釋卷一　父丁彝　七

器高今尺四寸一分深三寸三分口徑六寸三分腹徑六寸一分圍一尺八寸底徑四寸二分重今庫平八十六兩

兩罍軒彝器圖釋卷一 父丁彝 八

父丁

兩罍軒彝器圖釋卷一 父丁彝 八

石器銘可識者父丁二字餘爲銅綠所掩

商虎父戊卣

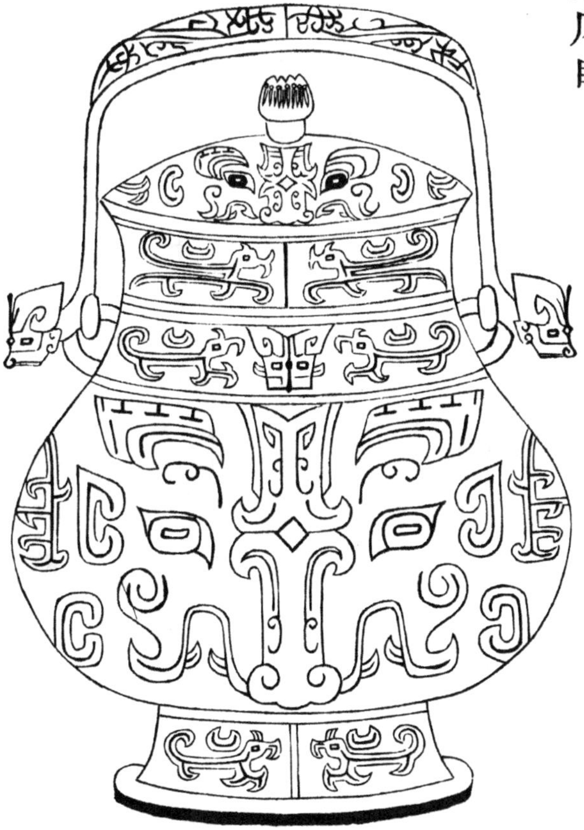

兩罍軒彝器圖釋卷一 虎父戊卣 九

器橢圜有蓋通高今尺八寸三分合提梁至底九寸三分深四寸八分器口前後徑三寸九分左右徑五寸腹前後徑四寸九分左右徑六寸五分圍一尺八寸二分底前後徑四寸三分左右徑五寸四分重今庫平一百二十四兩蓋重二十四兩

兩罍軒彝器圖釋卷一　虎父戊卣　十

據殷文存上、卅八校

蓋釋同

虎形
子作父戊
尊彝

兩罍軒彝器圖釋卷一 虎父戊卣 十

右器向爲阮文達公所藏銘文器蓋各七字載積古齋鐘鼎款識通體純翠如瓜皮瑩潤欲滴器蓋並著饕餮間以夔狀嵌黃金爲飾鑄冶之工形制之古眞商器中罕見之品也

商執爵父癸卣蓋

蓋高今尺二寸九分口前後徑二寸二分左右徑三寸二分重今庫平十五兩

手執爵形　父癸

右手執爵父癸銘三字按古人制器象物皆寓深意或執木或執戈或執戟執刀與此器之執爵各有其事而執焉禮曰如執玉如奉盈如弗勝如將失之執之爲義蓋有謹持弗失之意所以示敬也

商䜌父辛卣蓋

兩罍軒彝器圖釋卷一 䜌父辛卣蓋 　三

蓋高今尺二寸口徑前後二寸左右二寸四分重今庫平五兩

䜌父辛
卯□

兩罍軒彝器圖釋卷一　䜌父辛卣蓋　十四

右銘文五字上一字象三合形下作□三垂形此與祖乙卣□字相近按說文䜌古文作□亂也一曰治也一曰不絕也段氏謂與𤔔部之𤔔乙部之亂音義皆同又說文𤔔治也幺子相亂𤔔治之也段氏謂幺子謂8亂當作爭謂冂也冂音扃介也彼此分介則爭鬥部云兒善訟者也又說文亂不治也從乙𤔔𤔔字據段補乙治之也此轉注之法乃訓亂爲治此篆作□三垂形所以象絲作三合形冂所以繫絲亦當釋作䜌說文𤔔字會意亂字轉注竊意從冂從幺亦兼象形說文冂象遠介也8古文糸細絲也象束絲之形𤔔乙治絲之事冂亼或象治絲之器歟此䜌字當是作

器者之名卝說文凡物無乳者卵生禮記內則有卵鹽叉
有濡魚卵醬實蓼注讀爲鯤謂魚子此器或亦薦饗所用
末一字不可識或釋爲卧矢形

兩罍軒彝器圖釋卷一 䜌父辛卣蓋 十五

商父辛爵

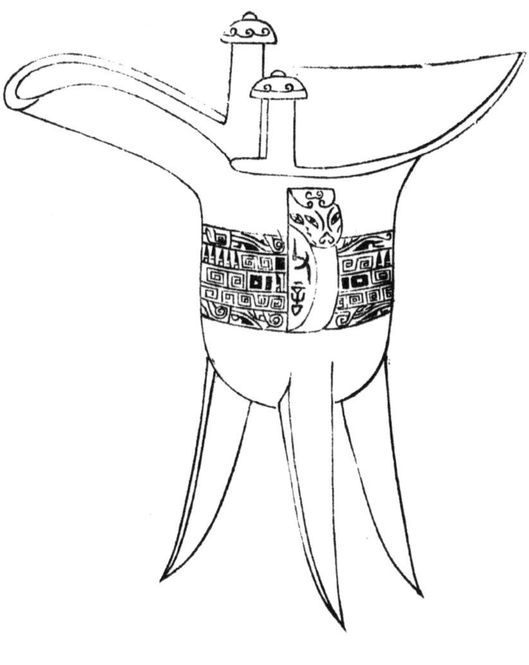

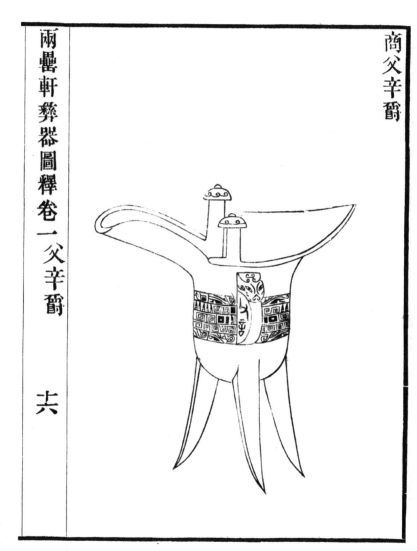

兩罍軒彝器圖釋卷一父辛爵 夫

器通高今尺六寸深二寸七分耳高一寸二分足高二寸三分流前後徑七寸六分左右徑二寸三分重今庫平二十三兩

父辛

兩罍軒彝器圖釋卷一父辛爵　　七

右銘文二字與阮氏積古齋所錄字體小異

商父己爵

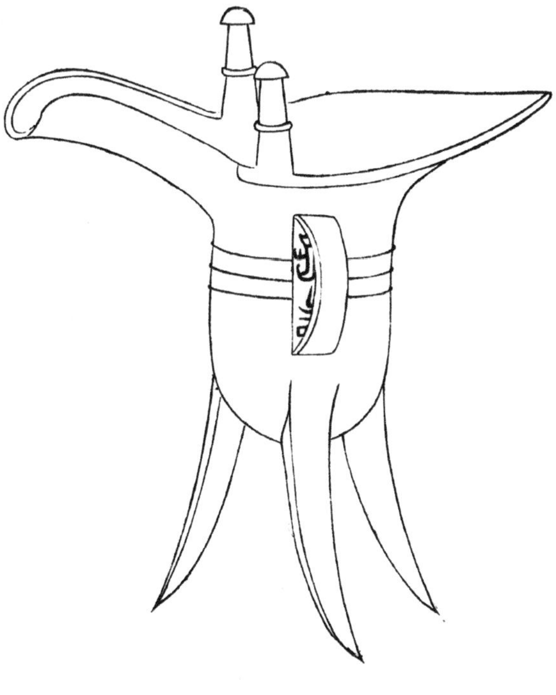

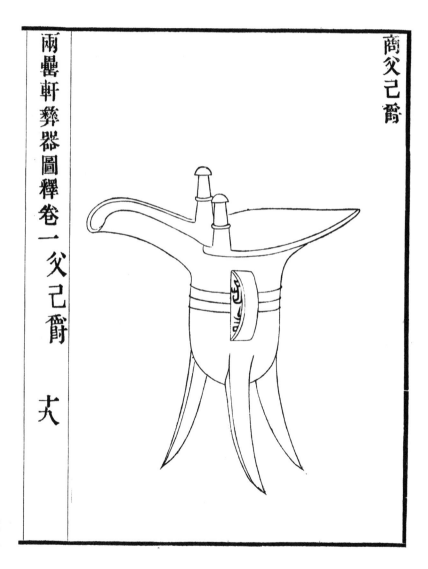

兩罍軒彝器圖釋卷一　父己爵　十六

右父己爵純素無華文在鋬內舊爲張尗未所藏昆徐籀莊同柏釋爲燕字云是古燕飲之器張尗未謂象子形脇夅指趾皆具尤子孫象形文中所罕見者

兩罍軒彝器圖釋卷二

商祖辛觚

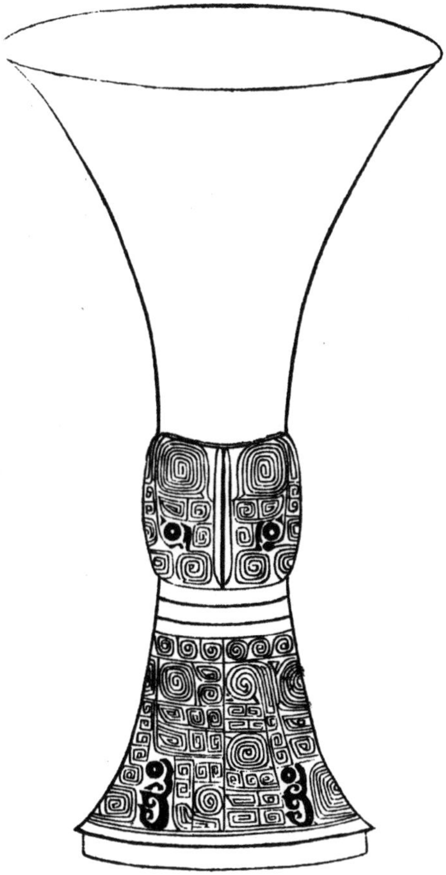

兩罍軒彝器圖釋卷二祖辛觚　一

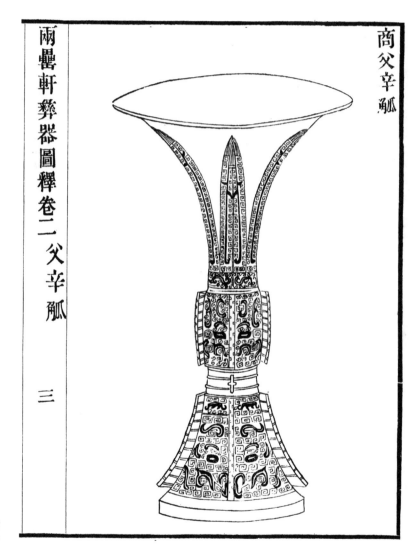

器高今尺七寸四分深四寸九分口徑四寸一分腹徑一寸四分腹圍四寸四分底徑二寸五分重今庫平二十七兩八錢

祖辛

兩罍軒彝器圖釋卷二祖辛觚　二

右祖辛觚銘二字

商父辛觚

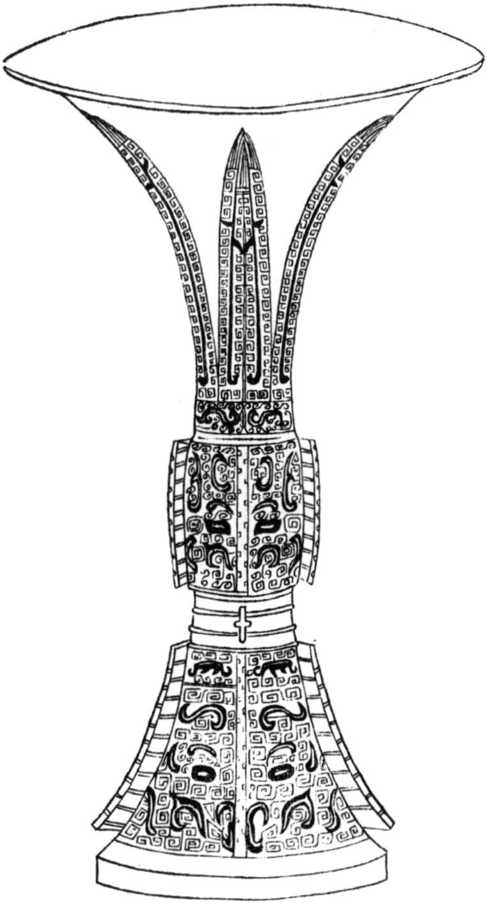

兩罍軒彝器圖釋卷二父辛觚　三

束
父辛

兩罍軒彝器圖釋卷二　父辛觚　四

右銘文與阮氏鐘鼎款識束彝相似彼篆作束江秋史侍御釋束爲東阮氏云據拓本東中有點釋爲束束字有作東者見汗簡所引義雲章束字從東知古束作東也束練之省禮曾子問云主人練祭而不旅此曰束彝是練祭之器　雲按此觚篆文東中無二點當釋爲東癸丑兵亂器遺失廣陵城中茲從舊拓本橅入輕重尺寸失記

商手執中觚

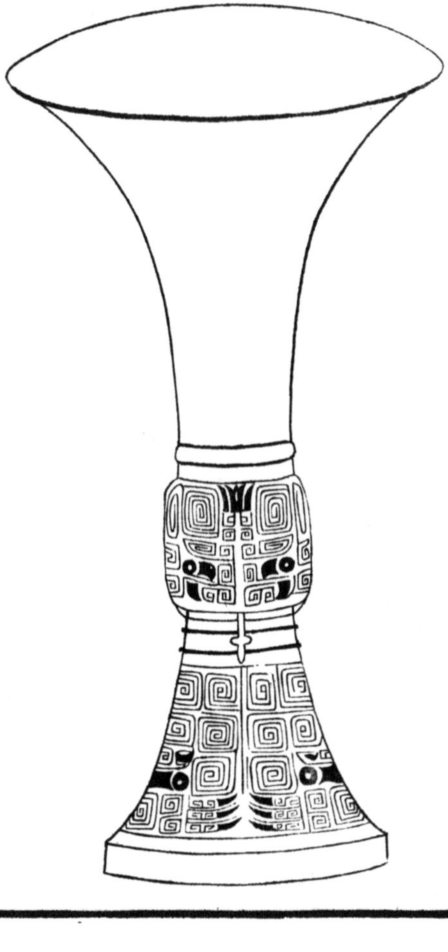

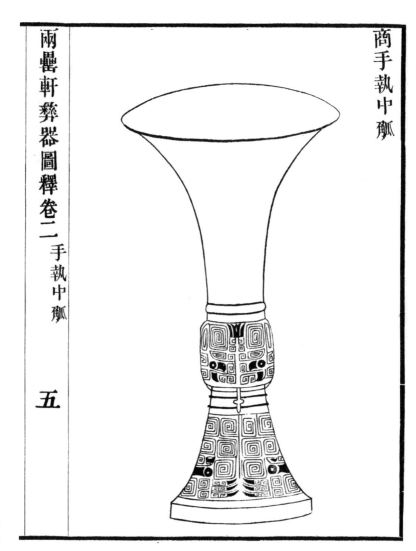

兩罍軒彝器圖釋卷二手執中觚　五

器高今尺六寸九分深四寸三分口徑四寸腹徑一寸六分腹圍四寸五分底徑二寸五分重今庫平二十九兩

手執中形

兩罍軒彝器圖釋卷二 手執中觚 六

右銘文與阮氏所藏手執中觚正同阮氏釋云中射禮所用以實筭者儀禮大射儀賓之弓矢與中籌豐鄭注中間中筭器也鄉射禮君國中射則皮樹中於郊則閭中於竟則虎中大夫兕中士鹿中禮投壺司射奉中疏云中之形刻木爲之狀如兕鹿而伏背上立圓圈以盛筭此銘中字旁有旍斿是兕鹿背上所立之圓圈形凹其上以受筭以手執之奉中之義此觚其射禮所用者歟案阮氏所藏器銘陽文中旁有旍斿形雲所藏器銘陰文中旁無旍斿形爲小異耳

商魚觚

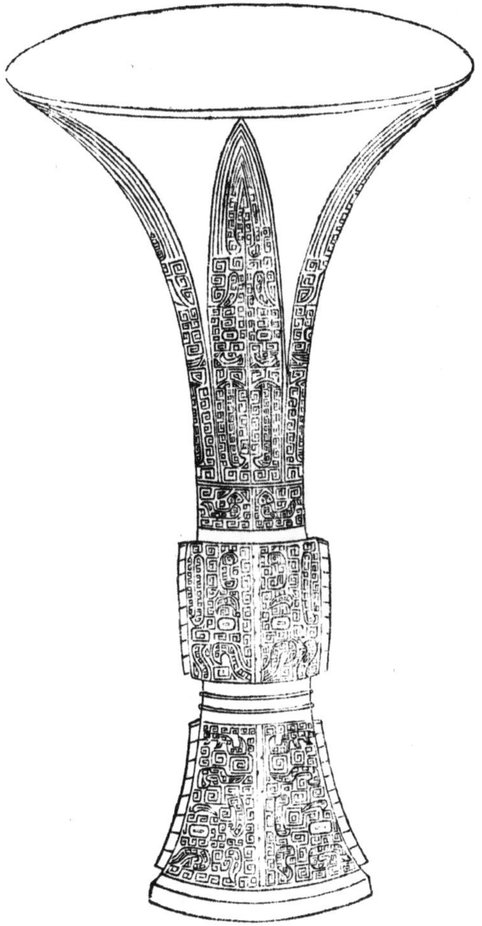

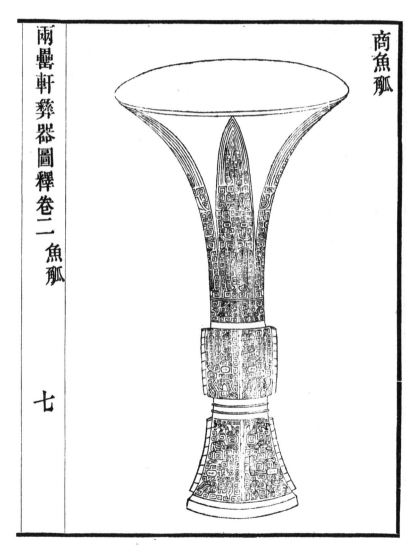

兩罍軒彝器圖釋卷二 魚瓠 七

器高今尺一尺五分深七寸五分口徑五寸七分底徑二寸九分重今庫平三十八兩

兩罍軒彝器圖釋卷二 魚觚

八

兩罍軒彝器圖釋卷二 魚觚 八

右魚觚銘按積古齋及山左金石志載有鷄彝其篆文與此正同彝蓋頂作鷄形故名雞彝審刻本篆文稚弱無古勁氣較此似遜銘字未識因下一字似魚形姑名魚觚

商父己觶

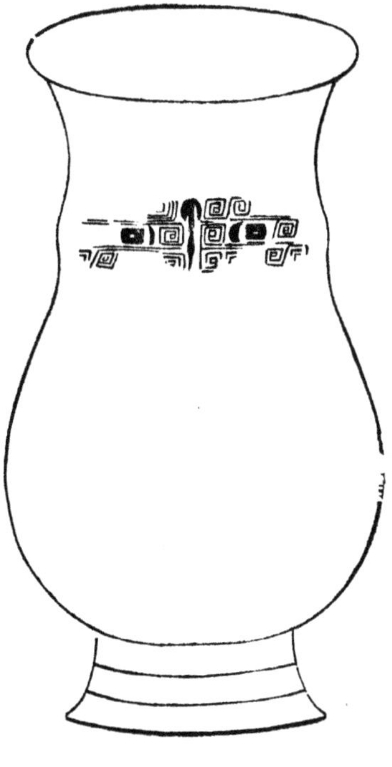

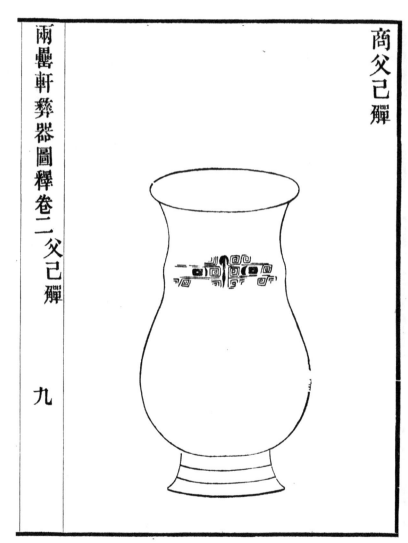

兩罍軒彝器圖釋卷二父己觶　九

器高今尺四寸深三寸四分口徑前後一寸九分左右徑二寸一分腹前後徑一寸八分左右徑二寸一分腹圍五寸八分底前後徑一寸七分左右徑一寸九分重今庫平八兩

兩罍軒彝器圖釋卷二父己觶　十

子父己

兩罍軒彝器圖釋卷二 父已觶 十

右銘文三字積古齋款識有孫祖已觶孫篆作或釋作子阮氏云器爲祖作當釋作孫此器或釋作孫依阮氏義例亦當釋作子

商雙爵父辛觶

兩罍軒彝器圖釋卷二 雙爵父辛觶 十一

器高今尺四寸深三寸四分口徑前後一寸九分左右徑二寸一分腹前後徑一寸八分左右徑二寸一分腹圍五寸八分底前後徑一寸七分左右徑一寸九分重今庫平八兩

雙爵形 父辛

兩罍軒彝器圖釋卷二 雙爵父辛彝 十三

右雙爵父辛彝上作二爵形下父辛二字二爵形者禮祭統酢必易爵明夫婦之別作二爵取夫婦相酢之禮

商孫子觶

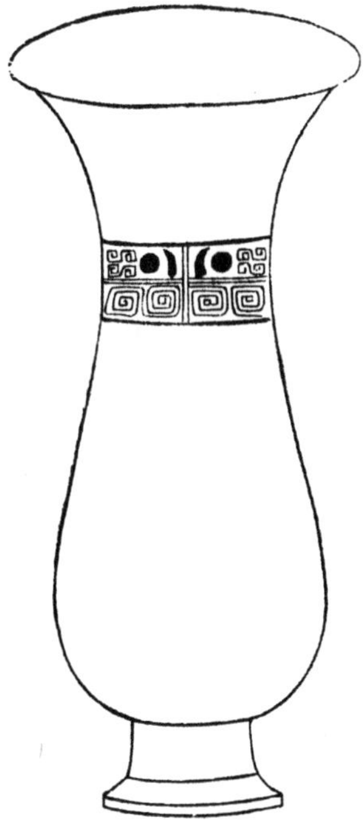

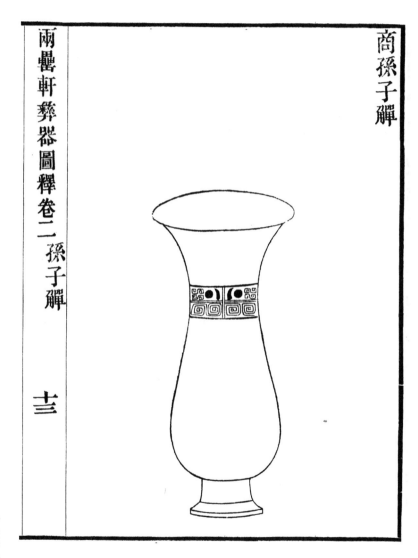

兩罍軒彝器圖釋卷二　孫子觶　十三

孫子

右孫子觶銘二字此器並後二器均於癸丑春遺沒廣陵城中茲從拓本摹入輕重尺寸皆失記

商庚觶

兩罍軒彝器圖釋卷二　庚觶

庚

兩罍軒彝器圖釋卷二　庚觶　　十六

右庚觶銘一字阮文達公曰庚字與薛氏款識商庚鼎庚字同有庚庚垂實之象不觀此文安識叔重說文之義

商𦥑丁觶

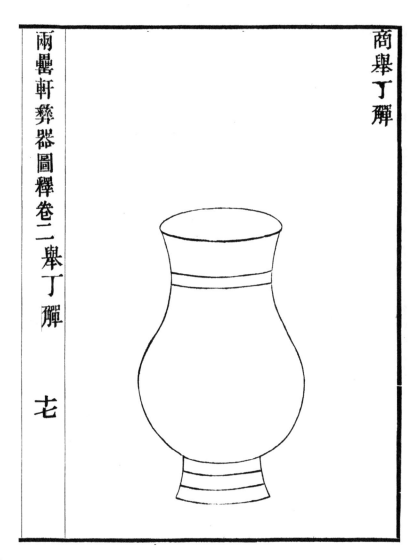

兩罍軒彝器圖釋卷二 舉丁觶 七

舉丁

兩罍軒彝器圖釋卷二　舉丁觶　六

右舉丁觶銘二字按𠬪舊皆釋爲舉宣和博古圖謂舉之爲字有以手致而與人之意爵觶皆酒器也因獻酬而舉之故銘其器曰舉又引杜蕢洗而揚觶以飲平公謂之杜舉殊爲精確積古齋款識釋爲舉字亦詳𠬪讀舉當無異義近在暨陽見陳以和式金處藏金石搨本有徐問渠楙釋𠬪字一條謂鼎字章草𠬪形似𠬪草書在眞書前其意尤近古篆此𠬪字蓋草篆也如斤字草作ら近篆𠂆與作𠃑近与出作𡳿近𡴀爾作尒近㸦介作𠆨近𠆭侯作𥎦近𥎦我作𢦐近古文𢦐罔作𦉪近𦉪他作它近它老孝之首作𠂹𦒸近𠂹如此者不一而足云云充此類以釋金石文

字頗足啟發心思故並録之

兩罍軒彝器圖釋卷二舉丁觶　　九

商吳父壬壺

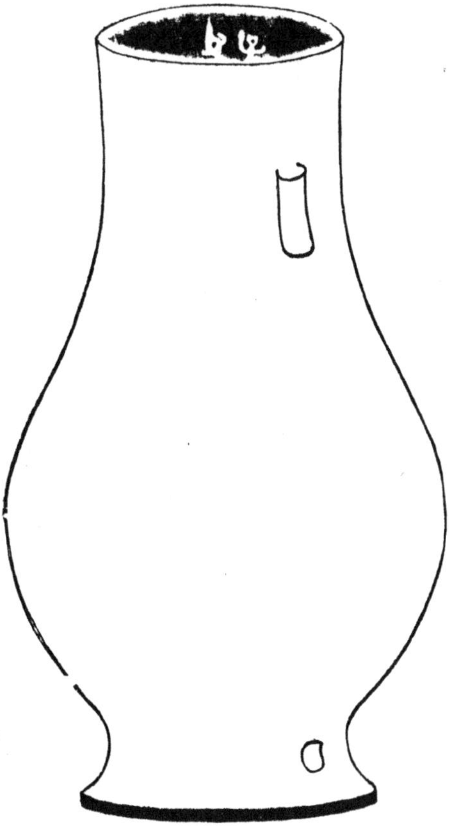

兩罍軒彝器圖釋卷二 吳父壬壺 二十

兩罍軒彝器圖釋卷二 吳父壬壺 二十

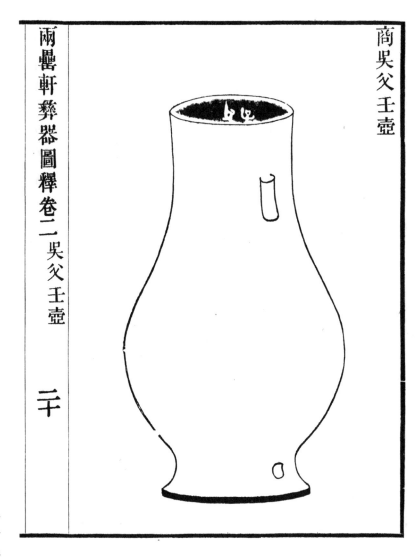

器高今尺一尺一寸深九寸九分口徑二寸八分腹徑四寸七分圍一尺四寸四分底徑三寸四分重今庫平八十八兩

兩罍軒彝器圖釋卷二　吳父壬壺

吳父作
父壬寶壺

兩罍軒彝器圖釋卷二　吳父壬壺　　壬

右銘文七字吳其姓也吳父如瞿父單父之類子爲父作則稱父商人以十干爲名字無分貴賤皆同父壬如父丁父甲之類壺酒之下尊也商人尙質故制器渾樸不假琢飾壬字泐痕銅綠未剔非畫中斷或曰吳古虞字當讀爲虞余按吳越春秋曰古公三子長曰太伯次曰仲雍一名虞仲少曰季歷季歷生子昌古公欲傳國以及昌曰興王者其在昌乎太伯仲雍望風知指古公病二人託名採藥於衡山遂之荆蠻國民君事之號爲句吳後遂以爲氏太伯之奔荆蠻距周尙有百餘年吳字之見於商器當在商末不必定作虞字讀也說文吳姓也一曰大言也注大言

故矢口以𠙶聲阮氏鐘鼎款識有吳禾彝篆作𠂇與此器字形正同

兩罍軒彝器圖釋卷二 吳父壬壺

壬

兩罍軒彝器圖釋卷三

周祿康鐘

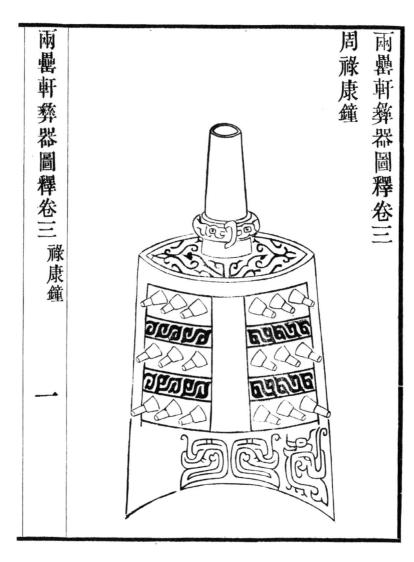

兩罍軒彝器圖釋卷三　　祿康鐘　　一

器高今尺七寸四分甬長三寸徑八分兩舞相距三寸三分橫二寸七分兩銑相距四寸九分橫二寸八分枚三十六各長三分重今庫平六十七兩

兩罍軒彝器圖釋卷三　祿康鐘　二

阮三、五　攈二之三、十九　徐十、七　愙六、十八　商一、九　周一、六七

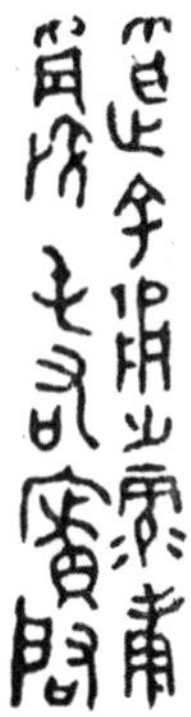

受作余服之彔康

甬宏屯右寅啓

虔

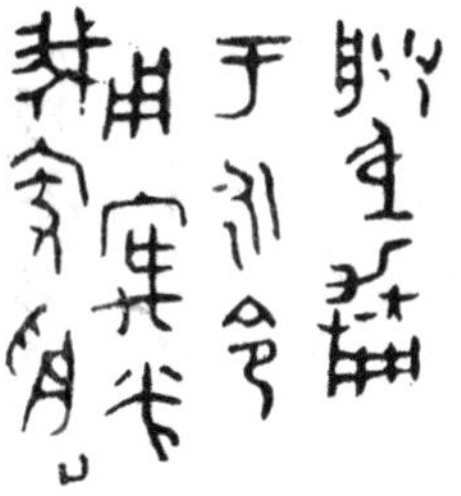

朕身龢

于永命

用寓光

我家受

兩罍軒彝器圖釋卷三 祿康鐘 二

右祿康鐘銘二十五字舊藏積古齋釋云是棧鐘也銘扗鉦間及鼓右古文受作[illegible]此銘受字乃作器者名首一字省作[illegible]末一字省作[illegible]可知古文唯變所適也甬古鐘字見薛氏款識商鐘銘說文鐘字或从甬作銿據此知古文省金作甬也屯純之省屯寅身三字皆末句爲韵之字此鐘銘與翁氏所藏寶林鐘辭意相類寅龢等字俱與彼鐘互較得之也

周邾公牼鐘

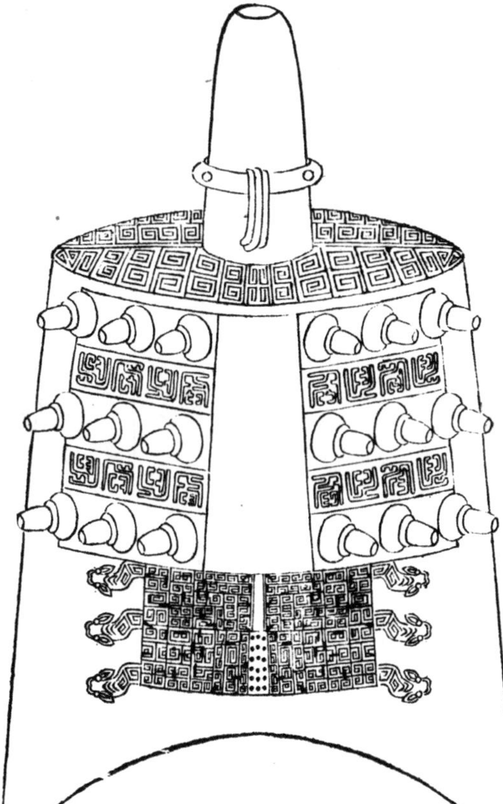

兩罍軒彝器圖釋卷三 邾公牼鐘 三

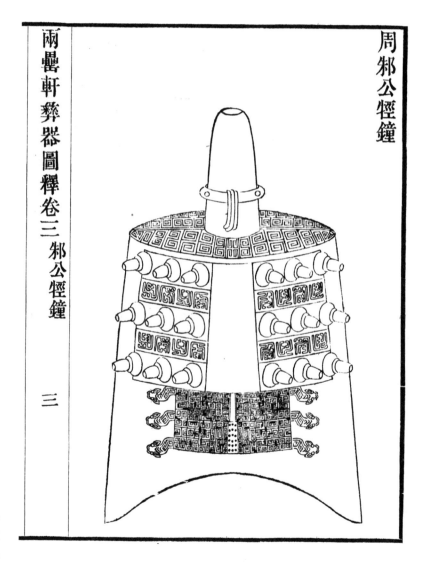

器通高今尺一尺甬長四寸四分兩舞相距六寸橫四寸八分兩銑相距七寸八分重今庫平三百八十四兩

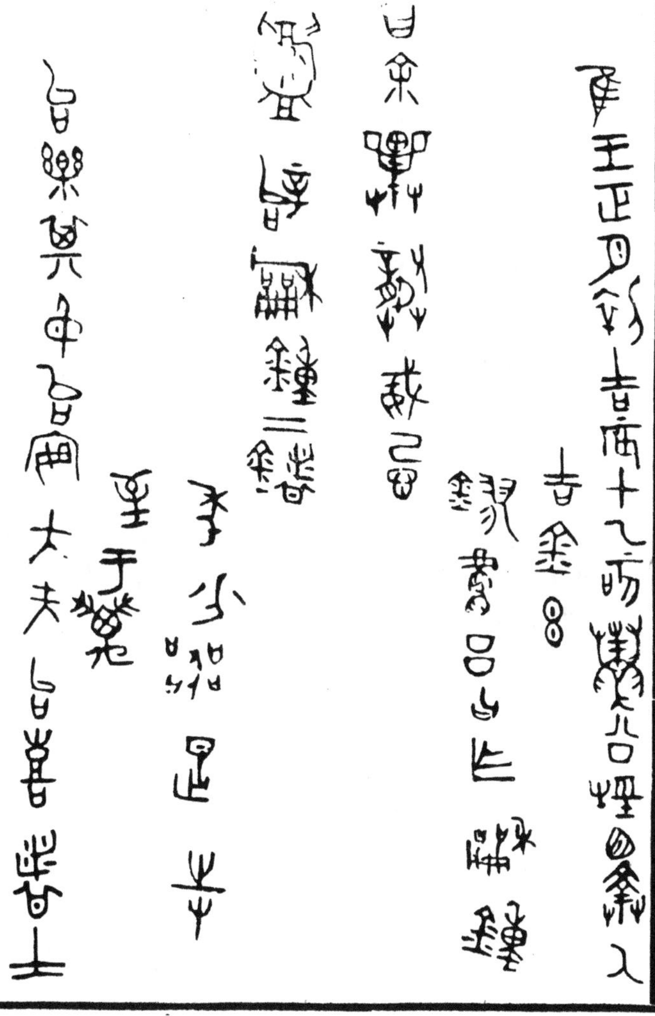

兩罍軒彝器圖釋卷三　邾公牼鐘　四

兩罍軒彝器圖釋卷三　邾公牼鐘　四

惟王正月初吉辰在乙亥邾公牼擇乃
吉金元
鏐膚呂自作龢鐘
曰余畢龔威忌
鑄辟龢鐘二鍺
乎分器是寺
至于萬
以樂其屯以宴大夫以喜者士
銘文首一行末一行均截作兩行

右邾公牼鐘銘文五十七字舊藏蘇州曹氏懷米山房與河間紀文達公所藏之周公雩鐘儀徵阮文達公所藏之周公望鐘當爲同時一家之器[illegible]莊進士述祖釋爲邾阮氏從程易疇釋定爲周字羿說文訓爲引給義與擇字異鏐說文黃金之美者郭璞注爾雅以爲紫磨金錯卽鋁也⿱谷日呂錯鋁之省文畏龔猶寅恭威忌猶敬忌鍺堵之異文懸鐘磬半爲堵也屯純之省者古諸字諸士卽多士也分器者分所當作之器書序武王班宗彝作分器孔傳云言諸侯尊卑各有分也寺持之省何子貞太史云[illegible]古文秦字畏龔威忌事見史記秦本紀應定爲秦字雲 按蘇州尧

兩罍軒彝器圖釋卷三　邾公牼鐘　五

福寺舊有古鐘銘文與此鐘正同而形制小異咸豐初年
爲人盜賣馮林一宮允購獲之屬雲攷釋其文當曰與翁
叔均辨證□字攷說文鼄鼅鼄也从黽朱聲或从虫顓頊
之後封邾後爲楚滅子孫去邑爲朱朱卽邾也朱古文朱
□籀文鼅倉聖作書依類象形□字正象鼄形似以釋邾
爲安今子貞太史釋爲秦字又引秦本紀弗忌威壘爲證
尤有依據並錄之以竢參攷

周伯頵父鼎

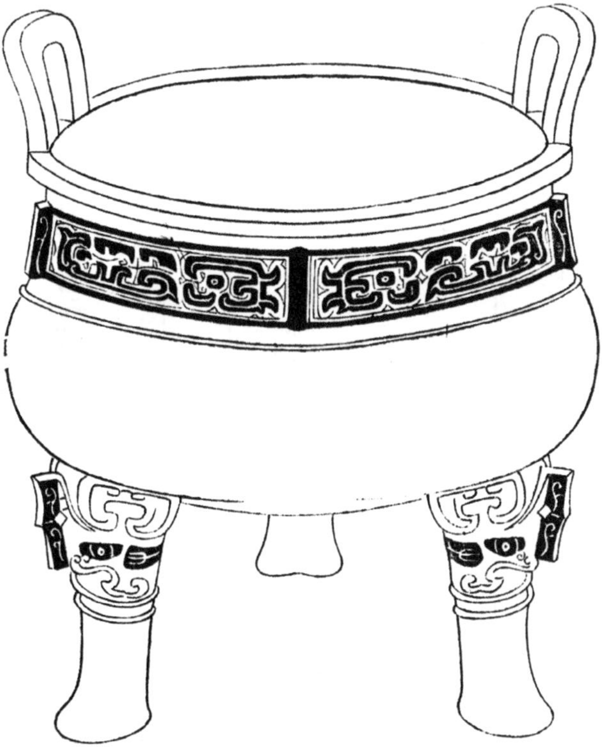

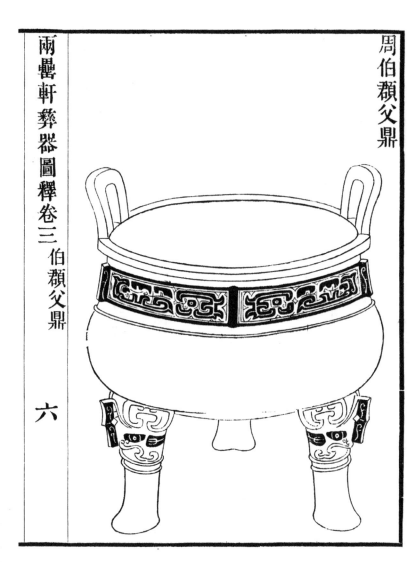

兩罍軒彝器圖釋卷三　伯頵父鼎　六

器通高今尺一尺九分深五寸四分耳高二寸一分足高三寸七分口徑一尺重今庫平三百二十兩

屖
頌齋師釋屖即犀字
古文

伯頵父作朕
皇考辟伯吳姬
寶鼎其萬季
子=孫=永寶用

兩罍軒彝器圖釋卷三　伯頵父鼎　七

右伯頵父鼎銘二十三字舊爲蘇州曹秋舫載奎所藏亂後與齊侯罍同日歸於余齋

周臤𠨘鼎蓋

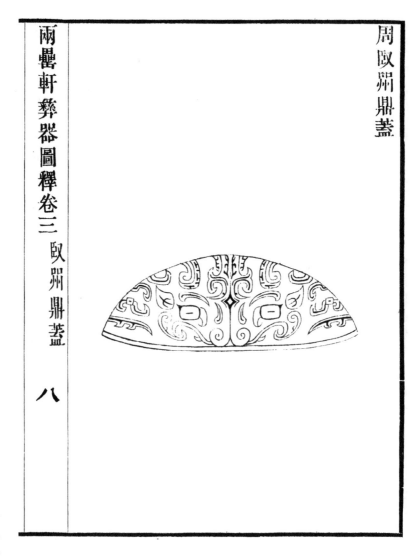

兩罍軒彝器圖釋卷三　臤𦋐鼎蓋　八

蓋高今尺一寸九分徑六寸九分重今庫平三十六兩

堇山臤𠛱作父
乙寶尊彝

兩罍軒彝器圖釋卷三　臤𢀛鼎蓋　九

右臤𢀛鼎蓋舊藏積古齋定爲商器文曰堇山臤𢀛作父乙寶尊彝阮氏云堇山地不可攷或釋作衡說文古衡字作奧形與此相近說文解𢀛字云呼雞重言之从吅州聲讀若祝列僊傳有祝雞公說文又云祝一曰从兌省易曰兌爲口爲巫此則二口之下作四直形而不作州字有从兌遺意較从州得聲爲更古說文解巫字云祝也王逸楚辭注男巫曰祝禮曲禮商官六大有祝無巫知商人尊神巫祝合爲一職也作器者古銘或係𡰥國或係㠯氏無稱山此曰堇山臤𢀛意古巫每居山蓋巫通鬼神山爲積高神明之區神巫所遊水經注巫咸山亦㠯巫得名此名堇

山臤祝必神巫也雲按𡗜當釋堇說文𡏳从土从黃省校此省一土字又說文衡字从𩠐从大古文作𡗜與此𡗜字不相佀攷越絕書薛燭對句踐有赤堇之山破而出錫若耶之谿涸而出銅歐冶因天地之精神盡其伎巧又曰今赤堇之山已合若耶之溪深而不測羣神不下歐冶即死等語是堇山當即赤堇之山省文蓋赤堇之山稱爲堇山猶茅君之山稱爲茅山古載籍中如此類者甚多又按若耶谿見寰宇記扗會稽縣東二十八里堇山當即扗此𡗜越俗尚鬼神如巫山巫里見之越絕書皆因巫得名阮氏謂臤祝必神巫證㠯越地益足有據

兩罍軒彝器圖釋卷三　臤𠭯鼎蓋　十

周魚父己尊

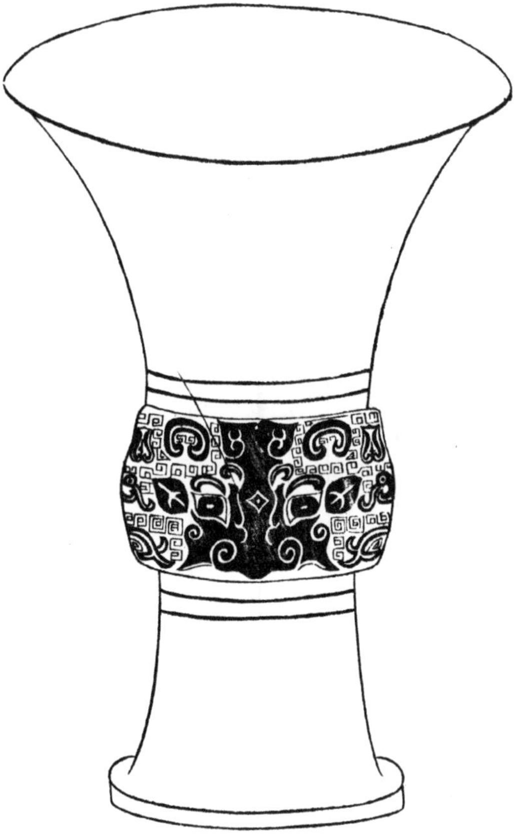

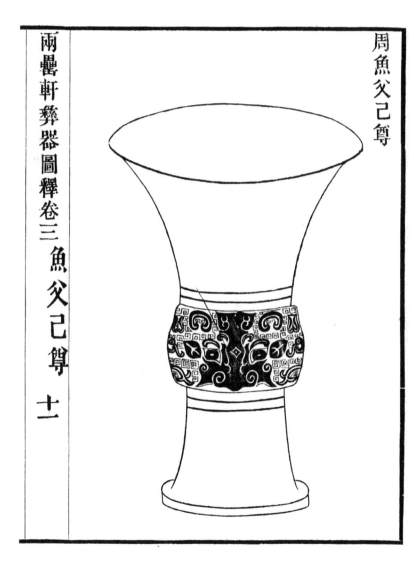

兩罍軒彝器圖釋卷三　魚父己尊　十二

器高今尺七寸三分深五寸五分口徑五寸七分腹徑三寸八分圍一尺一寸底徑四寸重今庫平七十兩

魚作父己
寶尊彝

兩罍軒彝器圖釋卷三　魚父己尊　十二

右銘文與鷹父癸彝相似弟一字象魚形作器者之名商器如蠆鼎之博古圖謂思患預防微物取戒薛氏謂左傳有公孫蠆鄭子蠆名也或云爲子蠆所作又如兕卣兕父鼎並象兕龍爵象龍又月魚基鼎作魚形謂季冬薦魚春獻鮪者以其時爲薦獻又有鮮鼎亦作魚形薛氏謂治大國若烹小鮮爲義諸器皆一字唯鷹父癸彝有父癸二字此器有作父己寶尊彝凡七字周尊也魚形當即是魚字

周㪅尊

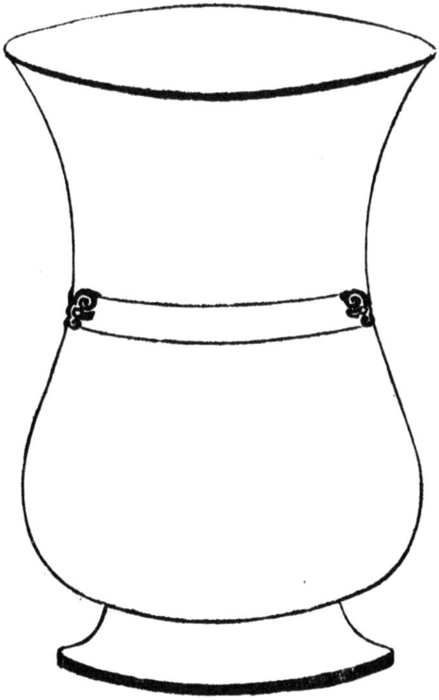

兩罍軒彝器圖釋卷三 臤尊 𠁨

器高今尺五寸五分口徑五寸一分深四寸八分腹圍一尺三寸五分底徑四寸重今庫平三十六兩

兩罍軒彝器圖釋卷三 敔尊

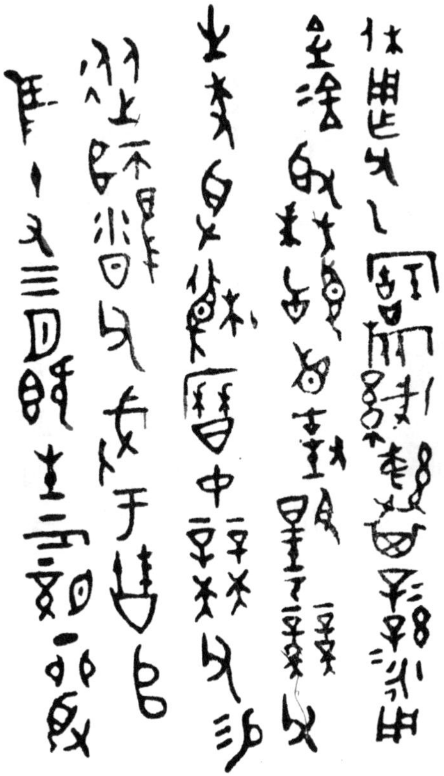

十四

兩罍軒彝器圖釋卷三　敃尊　十四

休用作父乙寶旅車彝其子=孫=永用

□金敃拜稽首對揚業父

之年敃蔑曆仲業父錫

從師滑父戍于公阜

唯十有三月既生霸丁卯敃

右敔尊舊藏積古齋銘曰惟十有三月阮氏謂十有三月者董逌所謂自王即位逾數其月蓋旹君未改年也吳侃叔目爲師滑父屯戍扗外未聞王朝放朔故目今歲之月係于公年之下師下一字从旨从骨侃叔釋作滑字敔堅也字見說文𢀜古業字亦見說文師滑父及仲業父皆當旹軍師敔其僚屬故受錫金而作器也公阜見晏子春秋蓋齊地

兩罍軒彝器圖釋卷三敔尊　十五

兩罍軒彝器圖釋卷三 臤尊 十五

周伯到尊

兩罍軒彝器圖釋卷三　伯到尊　共

器高今尺四寸七分深四寸一分口徑前後一寸九分左右徑二寸二分腹徑前後二寸五分左右徑二寸八分底前後徑一寸七分左右徑二寸重今庫平三十五兩

壺

伯到作寶尊彝

兩罍軒彝器圖釋卷三　伯到尊　七

右器銘曰伯到作寶尊彝　雲　按春秋時有伯宗伯州犁又

按楚有令尹屈到此伯到當是作器者之名

周曼仲彝

兩罍軒彝器圖釋卷三　曼仲彝　　六

器高今尺四寸二分深二寸九分口徑六寸一分腹徑五寸二分圍一尺四寸七分底徑四寸七分重今庫平四十二兩

皐爲曼
仲寶彝

兩罍軒彝器圖釋卷三　曼仲彝　九

右彝六字銘曰阜爲曼仲寶彝按𠂤釋阜作器者之名爲釋爲猶作也曼釋曼與曼龔父簋曼字正合中卽仲字人名左傳鄭有曼伯可證

兩罍軒彝器圖釋卷四

周齊侯罍

兩罍軒彝器圖釋卷四

齊侯罍 一

器高今尺一尺二分深八寸七分底徑五寸八分腹圍二尺二寸腹徑六寸七分口徑四寸三分鐶徑二寸七分重今庫平一百六十兩左右饕餮銜鐶

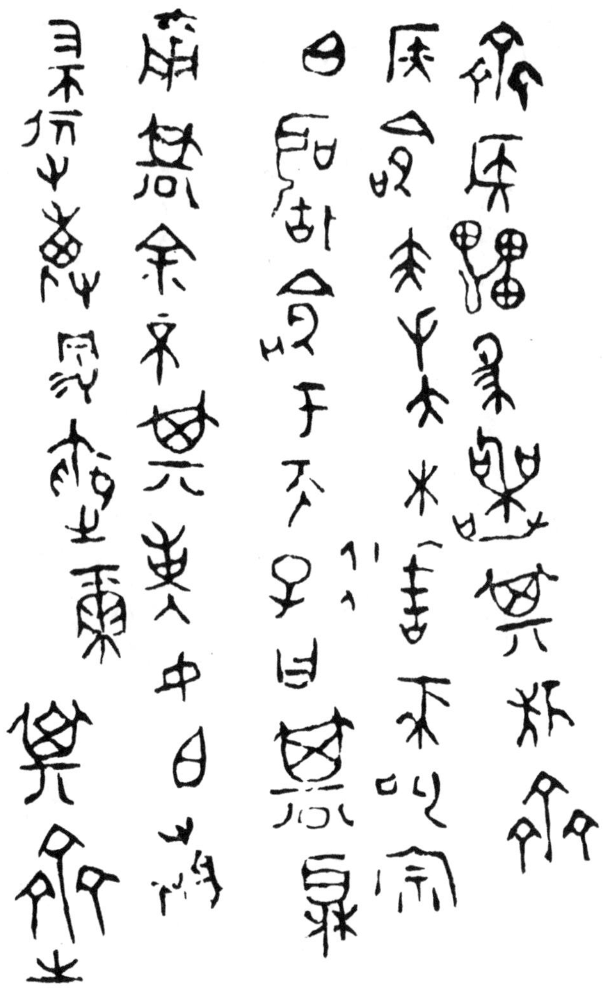

兩罍軒彝器圖釋卷四　齊侯罍　二

兩罍軒彝器圖釋卷四　齊侯罍　二

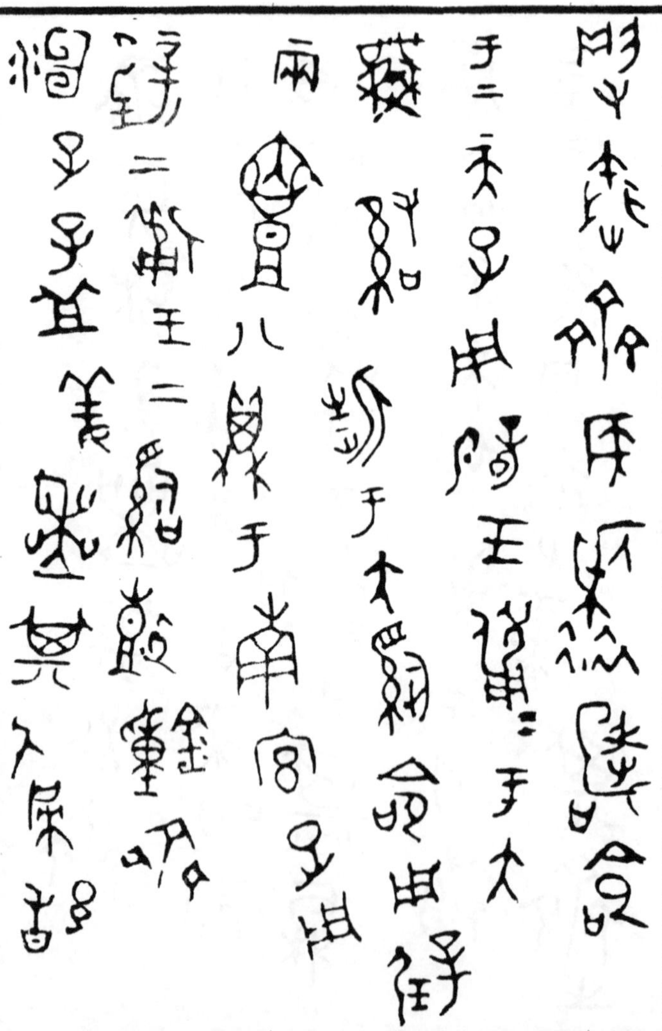

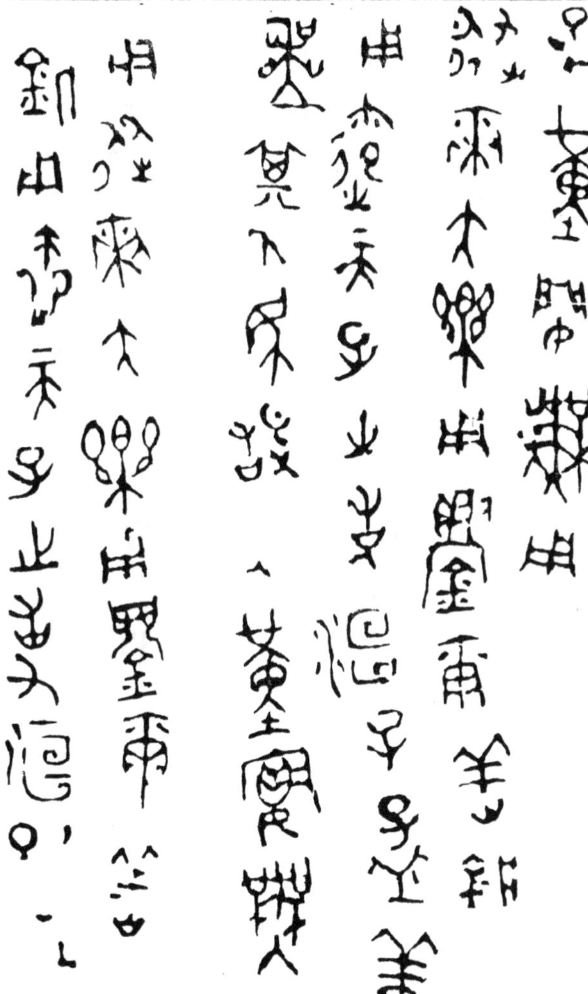

兩罍軒彝器圖釋卷四　齊侯罍　三

兩罍軒彝器圖釋卷四 齊侯罍 三

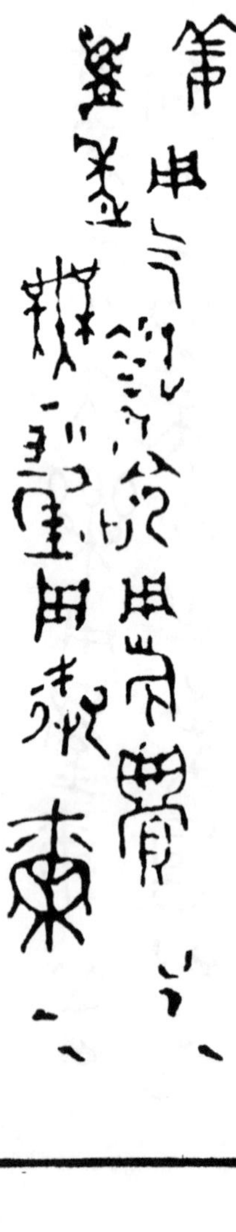

齊侯罍爲器其旅齊
侯命太子立樂週桼呁宗
白聽命于天子曰朞則
爾朞余不其事女伯囗囗
帚悊惠受御爾其齊土

受奉齊侯拜嘉命
于天子用璧玉備玉大
舞紹䢅于大嗣命用璧
兩壺八鼎于南宮子用
璧玉二備玉二紹鼓鐘齊
洹子孟姜器其入𥟎都
邑堇䰜舞用
從爾大樂用鑄爾羞鈃
用御天子之吏洹子孟姜
器其入𥟎都邑堇䰜舞

兩罍軒彝器圖釋卷四 齊侯罍 四

用從爾大樂用鑄爾羞
鈚用御天子之吏洹□□
姜用乞嘉命用祈眉壽
萬年無疆用御爾事

右齊侯罍銘文一百六十餘字器舊藏阮氏積古齊陳頌南慶鏞釋之曰此器蓋齊侯朝于王王爲立樂因報聘于齊陳氏爲作韶樂祭於廟以迎天子之賓而行饗禮之事也𤳳或釋作𠙶壁中書古文仲𠙶作中𤳳𤳳謂齊侯名今案器爲桓子作下稱桓子不應于其臣稱謚而于其君稱名仍釋爲罍首言齊侯者紀齊侯事也言爲器者明此罍之爲器也旅旅卽旅館之旅易曰旅于處其旅齊侯者言致旅館于齊侯也大篆作[illegible]余舊釋爲支今案曹氏藏器作大定爲大字大子者周王太子也因齊侯來朝周王命太子立樂以饗之也立篆文作[illegible]似大字案師毛敢位作[illegible]

兩罍軒彝器圖釋卷四　齊侯罍　五

古孝經亦作□與此同古位立通定爲立字週或釋作劄或釋作適皆非案宰辟敔周作□此文左從辵右從周與敔同定爲週字週調通詩惄如調飢韓詩作惄如輖飢易林作惄如周飢調可通輖周亦可通週桼古文作□此作□形相若定爲桼字古叚桼爲七古文尚書在治今文尚書作七始亦作桼政太元經運諸桼政是其證史記夏本紀又作來始索隱云今文尚書作采政案來采皆桼之譌漢隸桼作朿段氏懋堂曰朿與來之變體作来絕相類故轉寫作來而小司馬引今文作采不云作來者蓋是時永嘉之亂歐陽夏侯書說已亡其經文尚存者惟蔡邕所勒

之石經而已石經作来與新莽候鉦銘字同（韓勑碑作淶）故小司馬不辨爲七字直仞爲采字其實来譌來而來又譌采也觀此器之□與來采二字直相似（來采篆作□□）可以知致誤之由矣昀從口從勻甚明白檢字書無此字說文有□字從言從勻省籀文□不省鐘鼎文有□字從□气儀徵師曰□字界乎言音之間音字本出于言而含一耳竊謂從口與從言從音同意昀訇訇皆無別乃韻之正字而昀尤古昀古文也訇籀文也訇篆文也韵乃昀之或體均乃其叚借字而從員之韻直俗字而已鄭司農周禮注云均調也樂師主調其音國語樂所以立均皆叚均爲昀立樂調

兩罍軒彝器圖釋卷四　齊侯罍　六

兩罍軒彝器圖釋卷四 齊侯罍 六

桼昀者周王命太子立大樂調七始之均也伯作白孝經援神契伯者白也御覽封建部三宗伯典禮而兼樂者故爲齊侯聽命于天子碁諅同孟姜盥匜諅正作碁說文諅忌也引周書上不諅于凶德案碁音近異亦近怡堯典曰异哉陸德明經典釋文引徐云鄭音異孔王音怡異則驚異之詞而怡卽怡悅之意也碁當兼此二義故云碁則爾碁不其卽丕基不丕其基皆古今字余不其言余受此丕基也帚歸之省悊爲哲說文哲知也或文作悊漢書五行志引書作知人則悊帚悊惠者言歸于齊能哲而惠也邦古文作𡴀審篆文作㞢下㢡滅尙存其半當是邦字受御爾其齊

邦者御即御于家邦之御言受御于齊之邦也自碁則爾碁至此皆天子命宗伯使告齊侯之誓也于是齊侯歸拜宗伯所傳之命于天子用璧玉備玉者受命于朝行拜嘉之禮璧禮神之玉備玉副玉也周禮太宰祀五帝贊玉幣爵之事大神元亦如之鄭注云玉所以祀神璧本爲祀星辰之玉據下司命爲星類故用璧鄭司農解璧爲玉之邸注四圭有邸云于中央爲璧圭著其四面一玉俱成爾雅邸本也圭本箸於四面圭末四出注兩圭有邸云僢而同邸注圭璧云圭璧者圭其邸爲璧是璧即邸也然璧天象也祀天則四圭邸璧琮地象也祀地必兩圭邸琮日月星

辰天類也當一圭邸璧山川地類也當一圭邸琮司命之璧從星辰故用璧一既有璧玉何以復用備玉禮神祀神皆有玉或謂周禮大宗伯以青圭禮東方以赤璋禮南方以白琥禮西方以元璜禮北方似四方有禮玉無祀玉典瑞圭璧以祀日月星辰璋邸射以祀山川似日月星辰山川有祀玉無禮玉鄭氏謂祀以禮其神祀之卽所以禮之於義或然然大司樂言樂六變八變然後神示可得而禮又言歌黃鐘太蔟之類以祀天神地示是禮神固在降神之後而祀神又在禮神之後二儀有先後則有禮玉當有祀玉周禮於宗伯言禮於典瑞言祀互文見義也禮神之

玉植其玉于神位之前書所謂植璧也詩言圭璧既卒亦是祀神之玉秉而獻之書所謂秉圭也月令祀用圭璧亦是禮玉燔瘞而祀玉則留存故云備也諸侯祀司命與天子祀星辰隆殺不同而其用玉當從同紹儀徵師釋作詔最確釋曰銘中大樂凡三見舞字凡兩見又有鼓鐘字此是以樂舞御天子之事而爲此器銘也紹即詔字陳敬仲犇齊韶樂在焉謂紹爲韶者舜樂之韶以召爲聲以音爲義此後造之字也若其先本字但當爲紹故禮記樂記曰韶繼也鄭康成曰韶之言繼也此記樂者直破韶字爲紹字而以繼訓之故韶聲皆後造之字招字直假借而已自注云紹從糸說文糸古文從糸檢鐘鼎文司字[illegible]旁皆作中無作巾者又云韶訓紹見于春秋元命苞皇侃論語疏諸處者甚多大舞者周禮大司樂教雲門諸舞爲大舞樂師教帗舞諸舞爲小舞九磬舜樂爲大舞𣂷說文𣂷籀文作𣂷篆文作折通爲誓

兩罍軒彝器圖釋卷四　齊侯罍　八

兩罍軒彝器圖釋卷四　齊侯罍　八

士師五戒一曰誓陳氏用之曰誓者告以言也司命列六宗據鄭氏尚書說亦五祀之一鄭司農注周禮司中司命云司中三能三階也司命文昌宮星賈疏引武陵太守星傳云三台一名天柱上台司命爲太尉中台司中爲司徒下台司祿爲司空又文昌宮第四曰司命第五曰司中二文皆有司中司命據祭法諸侯立五祀一司命大夫立三祀無司命或疑曲禮王制皆言大夫祭五祀然曲禮五祀戶竈中霤門行據鄭說不及司命王制雖有司命爲殷制亦據鄭說非周制此司命自是齊之大司命觀上文用大舞陳氏大夫無大舞亦無大司命知此爲齊侯歸誓于大司命器銘葢連

敘之也又案肆師之職立大祀用玉帛次祀小祀皆不用玉帛鄭注小祀司命已下似司命無用玉之文錢君大昭曰司命有二楚詞有大司命少司命星經云在虛北史記封禪書云荆巫祠司命說文禨下云以豚祠司命漢律曰祠禨司命皆少司命也少司命不用璧大司命則用璧風俗通謹案詩云芃芃棫樸薪之槱之周禮以槱燎祀司中司命司命文昌也是爲大司命觀詩下言左右奉璋則是用璧之證肆師所言不用玉自指常祀言之若國有大祀司命兆于南郊據鄭注且用槱燎何況圭璧余初疑誓爲誓師之意如左傳文十二季秦伯以璧祈戰于河是其例今

兩罍軒彝器圖釋卷四　齊侯罍　九

審不然聘禮士帥沒其竟誓于其竟賓南面上介西面衆介北面東上史讀書司馬執策立于其後鄭注謂北面讀書以勑告士衆盇是時齊侯奉天子命歸當使國咸知故誓于大司命言誓者聘禮雖非軍事夫是梱外之事故讀誓如北面對君然此以上敘齊侯歸爲作樂于朝以拜嘉命也以下乃敘王使人來聘陳氏爲賓致館而先設祭于桓子之廟用璧兩壺入鼎于南宮者璧與上下璧字異彼指玉言此連壺鼎指玉之器言明堂位灌用玉瓚薦用玉豆廞用玉琖加以璧散璧角是璧卽璧散璧角之類壺用兩饋食之禮用兩壺尊特牲禮視壺濯尊兩壺于阼階東

又曰覆兩壺焉葢在南鄉飲酒尊兩壺于房戶閒鄉射禮兩壺斯禁燕禮卿大夫兩方壺士旅兩圜壺方壺謂口方圜壺謂口圜其實壺皆圜形說文壺昆吾尊也象形圜壺必有兩凡禮皆然兩壺之實考之酒正內則當卽清白二酒鼎用八據鼎俎奇于數不合且大夫五鼎陳氏祭其廟何得用八鼎攷聘禮賓餁鼎九羞鼎三賈疏鼎正鼎九牛羊豕魚腊腸胃膚鮮魚鮮腊羞鼎陪鼎三膷臐膮故周禮膳夫言王日一舉鼎十有二天子鼎九言十有二者正鼎九陪鼎三也以是推之天子食鼎當賓禮則諸侯食鼎當上介禮大夫食鼎當衆介禮上介鼎七羞鼎三注云七飱鮮魚鮮腊則諸侯合正鼎陪鼎計

兩罍軒彝器圖釋卷四　齊侯罍　十

之爲鼎十衆介不言鼎注云亦飪在西鼎五羊豕腸胃魚腊注不及羞鼎者正鼎以次而殺陪鼎從同不言知爲三則大夫合正鼎陪鼎計之爲鼎八大夫食鼎用八則祭鼎亦得用八少牢饋食禮言三鼎扗羊鑊之西二鼎在豕鑊之西亦止據正鼎言之也分數之爲奇合數之爲十二爲十爲八爲害其爲奇也南宫桓子廟名廟何以稱宫春秋隱五季考仲子之宫公羊傳隱爲桓立故爲桓祭其母也何氏注不就惠公廟者妾母卑故雖爲夫人猶特廟而祀之案妾母義不配食故特立宫喪服小記謂慈母不祭非不祭也穀梁說於子祭於孫止蓋子扗則别立廟至孫則

祔於妾祖姑爲壇以祭之此所爲宮也若桓子爲大夫桓子之妻孟姜齊侯女也賓宜爲廟曷爲夾爲宮文王世子正室守太廟諸子守下宮正室適子也適子所守稱廟諸子所守稱宮蓋陳桓子無宇四子曰孫書子占曰釐子乞曰昭子莖（說詳下注）曰武子亹（說詳下註）則雖子占稱正室其餘皆諸子故稱南宮南宮者儀禮喪服子夏傳子不私其父則不成爲子故有東宮有西宮有南宮有北宮疏引內則命士已上父子異宮不命之士父子同宮縱同宮亦隔別爲四方之宮莖亹皆大夫當自爲宮南宮自是生事桓子孟姜處後仍其名（敖氏繼公謂東宮西宮南宮北宮古皆有是稱後或因之爲氏案彝器中有指姓氏）

兩罍軒彝器圖釋卷四 齊侯罍 十一

者如散氏盤之言西宮襄戎父南宮中鼎之言南宮伐留鼎之言以匡季告東宮是也有指廟名者如尹卣之言飲西宮召公尊之言王錫中馬自貫矦四𩦲南宮東宮鼎之言東宮是也若淮南子時則訓春天子御東宮夏天子御南宮秋天子御西宮冬天子御北宮此是取明堂內之四宮以配四時故太子亦稱東宮也 其地據漢書功臣表南宮矦張買下注云北海漢之北海即春秋齊之臨淄今屬青州疑本陳氏南宮故址後因以爲地名歟地理志北海郡下闕南宮而信都國下有南宮冀州志云南宮近魯邊邑周南宮括所封國南容居之因以爲氏則漢之南宮有二其一扗信都爲南容故居其一扗北海爲陳氏故㽉子下闕一字據曹氏器爲用字子當是𡎸𣪘對桓子孟姜之稱用璧二備玉二者禮玉祀玉如祀司命禮

此祭宗廟也用玉者曾子問天子諸侯將出必以皮圭告于祖禰又斂幣玉藏諸兩階之閒是禮玉幣玉皆用之天子諸侯廟祭有玉則大夫亦有玉今爲祭桓子孟姜故用二玉司命璧一備玉一南宮璧二備玉二者禮器圭璋特琥璜爵特謂直達爵謂與爵竝陳此以少爲貴家祭殺於朝祭不敢用特玉也紹鼓鐘者莽作樂于朝廟循諸侯制用全樂故言大舞此作樂于家廟從大夫制不用全樂故言鼓鐘云紹者明其樂之本於韶也樂以鐘立均詩曰鼓鐘送尸蓋自是而祭畢矣以下乃言徹俎及迎賓之事齊下字闕據曹氏器有侯旣盦三字說詳下篇洹子卽桓子書牧誓尙桓桓說

兩罍軒彝器圖釋卷四　齊侯罍　十三

文引尙狟狟陳逆簠余陳狟子之裔孫桓可假狟亦可假洹齊侯鐘桓作□亦水旁是其證儀徵師曰陳氏簠有季姜此孟姜陳氏多姻于齊皆可補史傳之闕稱桓子孟姜者如少牢禮言薦于皇祖伯某以某妃配某氏之義也器其入據少牢禮當卽徹胻俎之餼乘篆文一作□一作□審刀布文乘作□□形相近定爲乘字都篆文一作□一作□□古文邑見鐘鼎文□亦古文邑見汗簡乘都邑者乘猶誌乘言以是器紀諸都邑之廟如先簿正祭器是也堇說文堇黏土從黃省從土古文堇不省堇爲桓子子卽子疆名詳儀徵師說說曰銘中兩堇字筆畫甚明白爲從黃省之堇字卽陳子疆之名疆字與堇字之義切近明白是居斤切

凡從某省之字可寄其義不必定從其聲此篆黃尙不省
今說文堇古文作𡏳古文僅見于此器矣左昭二十六年
平子曰必子彊也子彊之名橆考今因此器得之說文自
堇字畺字以至彊字相因相次古人字由名生堇字子彊
橆疑或疑史記武子開卽彊非也開從开聲且兼會意扗
段氏古韻十一部不能與堇聲相涉堇扗十三部居斤切
故瑾謹殣饉鄞廑覲勤等字從之或居斤切或居隱切相
近之意也由十三部轉入十四部則難漢歎嘆等字亦從
堇得聲說文堇黏土從黃省從土古文堇𡏳土黃黏則彊
而治之艱故田畕彊各義以次連綴亦因其字音義皆近
也又左傳昭二十六年冉豎射陳武子中手失弓而罵以
告平子曰有君子白晳鬒鬚眉甚口平子曰必子彊也失
弓者武子亶卽子開非子彊白晳者堇也卽子彊非謚武
蓋兄弟兩人冉豎射子開識之矣平子亦知之矣卽使冉
豎平子有言傳未書之惟冉豎不識子彊但言其白晳諸
狀故平子曰必子彊也若旣射武子而識之是亢之甚矣
又指武子爲君子白晳云云則與下文謂之君子何敢亢
之相背且有字文義亦是舍失弓者而別有所指明射手
失弓者一人君子白晳又一人也慶鏞案師說極是左傳
但書武子而杜氏卽以子彊爲武子字史記有武子開亦

兩罍軒彝器圖釋卷四　齊侯罍　十三

不言字子疆則杜氏之誤可知然則子疆非武子其卽昭子乎左哀十四季傳成子兄弟四乘如公杜注取昭子莊爲成子兄弟以充四乘爲八人之數而史記齊太公世家索隱引世本昭子是桓子之子成子之叔父又不言名莊竊謂莊卽葷之譌莊葷形相近葷從黃黃與莊聲又相涉昭子葷誤爲昭子莊其卽桓子子無疑若名莊陳自敬仲生穉孟夷穉孟夷生湣孟莊湣孟莊爲文子之父桓子之祖桓子子何得與其曾祖同名杜氏旣誤以昭子爲僖子之子又誤葷爲莊其說沿自服虔唐孔疏未正其誤且徇服杜誣昭子莊爲僖子之子出世本而索隱所引世本無此事也小司馬駁之知昭子不名莊然卒莫詳其名至顧氏棟高謂昭子莊疑卽哀十一年之陳莊其說亦無確據今得此器以證之渙然冰釋　罍篆文作[illegible]中[illegible]字乃古文是可爲論世知人之一助

酉字下從女字當爲𡢁卽亹之正字王氏伯申曰亹讀爲眉方言眉老也楚史老字子亹古音微與文通亹有門音故轉爲眉其字卽亹字亹從𢍰省從酉分聲亹從𢍰省從

酉文聲字當爲釁作釁沓隸之變也今案字當爲釁古釁
釁通鐘鼎文眉多假釁或假釁伯頵父鼎之[illegible]史頌鼎之
[illegible]雝公緘鼎之[illegible]晉姜鼎之[illegible]曼龔父簋之[illegible]曾伯霥簠
之[illegible]皆俗釁字爲眉字其𢍰史鼎眉作[illegible]中[illegible]字乃古文
文字此即隸變作釁之祖而周公𦥑鐘之釁作[illegible]散氏盤
之眉作[illegible]遲簋之眉作[illegible]作[illegible]下皆從女而[illegible]體與此篆
[illegible]筆畫不差是皆釁字則釁釁爲一字而與眉通用也六
書略謂豐從釁省從且非也豐爲俗體釁爲正體釁本作
釁故易繫辭成天下之亹亹荀虞皆作成天下之娓娓以
字從女而涉娓也釁從釁省聲亦從女得聲女聲與免聲

同在段氏古音弟五部詩棫樸勉勉我王荀子富國篇引作亹亹我王則又以聲而涉亹之卽亹的䧢𩁹疑乃張參五經文字謂亹字不合六書而徐鼎臣以說文無亹字謂俗加文作亹遂以娓當亹惜未以此器正之亹亦桓子子史記齊太公世家索隱引系本陳桓子无宇產子亹子亹非字乃所產子曰亹也亹字子開亦詳儀徵師說說曰亹乃子開之名開其字也史記曰武子開杜預左傳注曰子彊武子字此必是史記不誤而杜誤也開與亹之義亦明白切近之至詩鳧鷖扗亹箋云亹之言門也後漢書馬援傳注亹水流山閒兩岸若門也然則亹即門之假借字門爲名開爲字猶蕫爲名彊爲字又何疑哉舞用從爾大樂者此以樂納賓行饗禮也案蒋祭司命言大舞祭南宮言鼓鐘知君臣之分則然

此仍扯桓子廟云大樂且兩云大樂思之不得其解若以爲侑尸則正祭時用鼓鐘侑尸何得用大樂審諦文上有齊侯旣瘥據曹氏器下有天子之吏明是禮使臣之事因思聘禮宰夫徹几改筵鄭注謂將禮賓徹神几改神席更布也則古者禮賓必先祭於廟以重其事聘禮記惟大聘有几筵几筵謂行聘享及私覿畢爲神位以禮賓葢齊侯誓于大司命後旣而王人來聘賓卽館卿致館齊侯歸以饔餼葷饗當是爲致其館故設神位于廟先告其祖考然後舉齊侯行饗燕之禮知館于陳氏廟者據聘禮記卿館于大夫大夫館于士士館于工商鄭注館者必于廟不于敵者

兩罍軒彝器圖釋卷四　齊侯罍　十五

之廟爲大（太同）尊也蓋古者天子適諸侯必舍于太祖廟諸侯行舍于諸公廟大夫舍于大夫廟故歸饔餼皆于廟行之明其禮皆在廟也王人於周爲卿禮當館于大夫故就舍桓子廟致禮以饗之作樂以導之𦍩舊釋佀姜今案篆文作□與上下姜篆從女不同定爲𦍩字𦍩庶𦍩也鄭康成儀禮注𦍩進也二義皆通釿篆文作□右從斤甚明白乃釿字莊子釿鋸制焉與此義遠餘不見經傳（舜幣幕文曰虞一釿禹幣幕文曰安邑一釿此爲斤兩之斤義又别）說文釿劑斷也從斤金釿器名□左證類篇釿器之釿鍔當是舊訓集韵十八諄韵會十二文注竝同字或作沂韵會引禮記車不雕幾注幾附纏爲

沂鄂則是器之有圻堮者謂之釿審禮器有圻堮唯房俎房俎設下跗於兩端若房然房之制有戶閾有戶閾則有圻堮矣此器之或名釿歟案釿許不言聲繫傳有斤聲二字後人讀魚巾舉欣魚斤擬引四切余謂當讀若肵俎之肵釿肵皆從斤會意亦從斤得聲則楚金作斤聲爲是肵讀許欣釿讀舉欣音同義亦相近說文有釿無肵禮經有肵無釿二文互相備特牲饋食禮佐食升肵俎鄭注肵心舌之俎也記心舌皆去本末午割之載心立舌縮俎午割以劑斷爲正肵其所實之俎故字從肉釿其所盛之器故字從金然則肵釿同義釿本訓劑斷引伸之爲沂鄂之

器以其盛肵故亦謂之釿或謂俎木爲之爇用金但周尚
文莊子加肩尻於雕俎之上雕卽雕幾爲沂鄂是用金之
證故曰用鑄爾羞釿禮言肵者主承祭言載心舌之俎也
器言釿者主饗賓言盛體薦之俎也曷言之饗禮久亾今
攷之周禮及春秋內外傳大宗伯以饗燕之禮親四方之
賓客鄭注賓客謂朝聘者賈疏饗亨太牢以飲賓獻依命
數在廟行之此於桓子廟知爲饗禮左傳宣十六年晉侯
使士會平王室王享之原襄公相禮殽烝武子私問其故
王聞之召武子曰季氏而弗聞乎王享有體薦宴有折俎
公當享卿當燕杜預注烝升也升殽於俎享則半解其體

而薦之體解節折升之於俎物皆可會孔穎達正義折俎
即殽烝是也言諸侯親來則爲之設享又設燕享用體薦
燕用折俎襄二十七年宋人享趙文子叔向爲介司馬置
折俎折俎牲體骨也國語周語王召士季曰禘郊之事則
有全烝王公立飫則有房烝親戚燕享則有殺烝又曰女
今我王室之一二兄弟以時相見將龢協典禮以示民訓
則𩱥𧅄擇其柔嘉選其馨香潔其酒醴品其百籩脩其簠
簋奉其犧象出其尊彝陳其鼎俎静其巾冪敬其祓除體
解節折而共飲食之於是乎有折俎加豆酬幣宴貨以示
容合好韋昭注曰全烝全其牲體而升之也禮之立成者

兩罍軒彝器圖釋卷四 齊侯罍 乇

兩罍軒彝器圖釋卷四　齊侯罍　七

爲飫房大俎也詩曰籩豆大房謂半解其體升之房也殽烝升體解節折之俎謂之折俎也合此數語觀之言殽烝言體薦則與釿之本訓劑斷合言房烝言房俎則與釿之轉訓沂鄂合是釿爲饗賓禮器知非食禮者食禮不用體薦亦無房俎公食大夫禮有司羞三牲之俎歸于賓館鄭注歸俎實于篚賈疏食禮無斨俎故不言用俎唯云實于篚且饗禮有腥食禮無腥樂記大饗而俎腥魚腥魚必用俎實于斨俎故以釿箸之又案周弫仲𠤳有[illegible]字與此左右移易筆畫絕相類舊釋作銚作銧皆未確亦當是釿字

其文曰弫中乍寶𠤳奔依呂釋作奉之金鏒舊釋作鏖作鈦今案篆作鏒定爲鑊

字鐱篆文別作鋡或釋爲鉉䥶舊釋作鈇作鈇今案篆作鐉定爲鐏字鐱舊釋作鋺作鑪今案篆文作鐉定爲鐱字其勳纁同其元其黃用盛秫稷穛粱用饗大正音歆同王賓餦饌同具召飤張中受䵼彊福諸友飷飤具鉋飽同張中弇壽諆觀銘文全是饗事作寶匿饗禮脩其簠簋鐙爲鼎屬鐱爲俎屬饗禮陳其鼎俎斆爲尊饗禮出其尊彝鐱爲匜饗禮敬其祓除其纁其元其黃饗禮加酬幣秫稷穛粱饗禮遻馨香饗大正歆王賓饗禮歆太牢國語王歆太牢饌具召飤饗禮擇其柔嘉品其百籩潔其酒醴諸友餐飤具鉋饗禮示容合好釿爲饗器尤是此銘確證御與訝同即訝賓于館之訝鄭君儀禮注訝迎也以君命迎賓謂之訝周禮

兩罍軒彝器圖釋卷四　齊侯罍

掌訝凡賓客諸侯有卿訝卿有大夫訝大夫有士訝士皆有訝天子之吏見曲禮其擯于天子也曰天子之吏賈疏受辭傳于天子曰天子之吏用御天子之吏者齊侯歸饋于館行饗禮堇釁奉君命以迓之也再言器其入者據有司徹當卽徹室中之饌古者饗在廟燕在寢此行再饗而光徹室中之饌者示饗後行燕禮也復作大樂者再饗之樂也聘禮公于賓壹食再饗賈疏云以其饔餼等爲之牢禮之數陳饔餼卿也則飧二牢饔餼五牢大夫也則飧太牢饔三牢士也則飧少牢饔太牢此降小禮豐大禮也以此言之公侯伯子男大聘使卿則主君一食再饗小聘使大夫

則主君一食一饗是聘禮卿當再饗乃賈氏周禮大宗伯疏饗燕謂上公三饗三燕侯伯再饗再燕子男一饗一燕此謂朝賓若聘客則皆一饗其燕與時賜無數其說自相矛盾莫諟其正觀此再用大樂知聘客尊者行再饗儀禮聘禮禮記聘義大戴禮朝事儀皆云壹食再饗則周禮疏謂聘客皆一饗者失之或謂燕有樂饗食無樂攷籥師掌教國子舞羽吹籥祭祀則鼓羽籥之舞賓客饗食亦如之則饗食有樂之明徵左傳襄十秊宋公享晉侯于楚邱請以桑林舞師題以旌夏此饗禮之樂也襄二十八秊叔孫穆子食慶封使工爲之誦茅鴟此食禮之樂也鈫篆文作

兩罍軒彝器圖釋卷四　齊侯罍　九

鈚右從反人爲匕亦明白定爲鈚字鈚古作匕通作朼說文匕下云匕所以相比取飯一名柶柶下云柶匕也鄭康成周禮玉府注角柶角匕也是匕卽柶聶氏三禮圖引舊圖云疏匕長二尺四寸葉長八寸博三寸柶長尺攢博三寸曲柄長六寸儀禮士冠禮鄭注云柶狀如匕則二物夾長短異稱匕大而柶小匕以施黍稷夾以施牲體少牢饋食禮廩人摡甑甗匕與敦于廩爨此黍稷之匕也雍人摡鼎匕俎于雍爨此牲體之匕也禮經言執匕摡匕敀匕加匕覆匕多作匕言朼魚朼豕朼肉乃朼長朼卒朼多作朼似自匕言之謂之匕自用匕言之謂之朼案匕朼古今字

古本作匕以其用木作朼亦以其用金作鈚如登本瓦豆後從金作鐙槈本搮木後從金作鎒是其例匕以銅經無明文士虞士器匕以桑禮記雜記朼用桑長三尺特牲饋食匕以棘特牲記棘心匕刻士冠士昬柶皆用角柶夾匕而公食大夫匕柶不言其材陳博士禮書疑夾角爲之以銅則未聞竊謂祭禮尚質故用木賓禮尚文故用銅苒蕭山王中丞南陔得一銅柶恭甫師以建初慮俿尺度之長尺有一寸五分攕長五寸一分强博二寸五分湲八分柄長四寸五分厚一寸半鋭其端柄之兩旁爲雷回紋中央立芈一豕一芈苒豕後皆向攕其端之外爲牛首仰而迤高二寸豕大於芈牛首

兩罍軒彝器圖釋卷四　齊侯罍　二十

又倍之牛頷下有梁繫小鈴圍二寸一分幷紐徑一寸四分據公食禮宰夫設鉶四于豆西東上賓扱上鉶以柶辯擩之上鉶之閒祭鉶四謂牛二羊一豕一上鉶者牛鉶也辯擩則及羊鉶豕鉶鉶有四而扱上鉶辯擩唯有一柶賈疏一柶所以優賓一柶施於四鉶惟食禮爲然故此器柄端三牲之飾所以尚象斷爲公食大夫祭鉶之柶今案柶當爲鈚是饗禮祭鉶之鈚非食禮祭鉶之柶古者彝鼎敦簠多象物以爲飾鄭君少牢禮注云周之禮飾器各以其類彼器柄端作牛首形明是以太牢爲禮饗烹太牢唯解其體而薦之故作牛首形不作牛形柄端牛頷有鈴猶刀

之有鑾亦取體薦之義且羊在前豕居中牛首在後三牲爲一列國語言饗陳其鼎俎韋昭注俎設於左牛豕爲一列魚腊腸胃爲二列器以柄爲上由牛而豕而羊正與韋注一列之說合若食禮牛以西羊羊南豕豕以東牛則牛當在羊豕之兩旁左上右下羊南豕亦當豕前而羊後不得豕後而羊前也以此銘證彼器知饗禮之匕以銅以彼器證此銘知銅匕之用以饗饗禮闕得此二者可以補其遺經典中一大快事國語言饗有百籩簠簋犧象尊彝鼎俎加豆諸器此獨舉釿與鈚者特牲禮鄭注肵俎主人親羞敬易震卦鄭注人君于祭匕牲體薦鬯而已其餘不親

兩罍軒彝器圖釋卷四 齊侯罍

兩罍軒彝器圖釋卷四 齊侯罍 壬

爲以祭禮推賓禮知二者亦君親爲之事也故特言之先言釿後言鈚者禮有次等等釿在先等鈚扗後亦互文見義也饗後有燕不言者聘禮燕與羞俶獻無常數故不言也桓子孟姜用乞嘉命此禮畢命工祝致告之辭用祈眉壽萬秊無疆卽少牢禮言承致多福無疆于女孝孫眉壽萬秊勿替引之之意也用御爾蓋總言祭廟作樂納賓之事俾永寶其器以御于廟也詳觀銘文前後其儀文度數攷之禮經而皆合末後言徹俎一則曰洹子孟姜再則曰洹子孟姜言饗賓一則曰天子之吏再則曰天子之吏知其亹二人心存公室忠孝之心如或見之宜冄豊未識子疆

一望而指爲君子也云按第五行齊下𡈼陳氏釋爲邦字
言邦古文作𡵂審篆作𡈼疑下磨滅今細審篆拓𡈼下無
磨滅痕蹟當是土字詩大啓爾土宇爾邦爾土義同陳氏
釋命下闕一字今審第七行首一字是于字第九行南宫
子下陳氏釋闕一字今觀篆拓是用字末行用御爾下篆
文漫漶處有一乀形與中罍參校亦當釋爲事字

兩罍軒彝器圖釋卷四 齊侯罍 三

兩罍軒彝器圖釋卷四　齊侯罍

壬

兩罍軒彝器圖釋卷五

周齊侯中罍

兩罍軒彝器圖釋卷五　齊侯中罍　一

器高今尺一尺二分深九寸底徑六寸腹圍二尺一寸八分腹徑六寸七分口徑四寸二分鐶徑二寸七分重今庫平一百六十兩左右饕餮銜鐶

兩罍軒彝器圖釋卷五　齊侯中罍　二

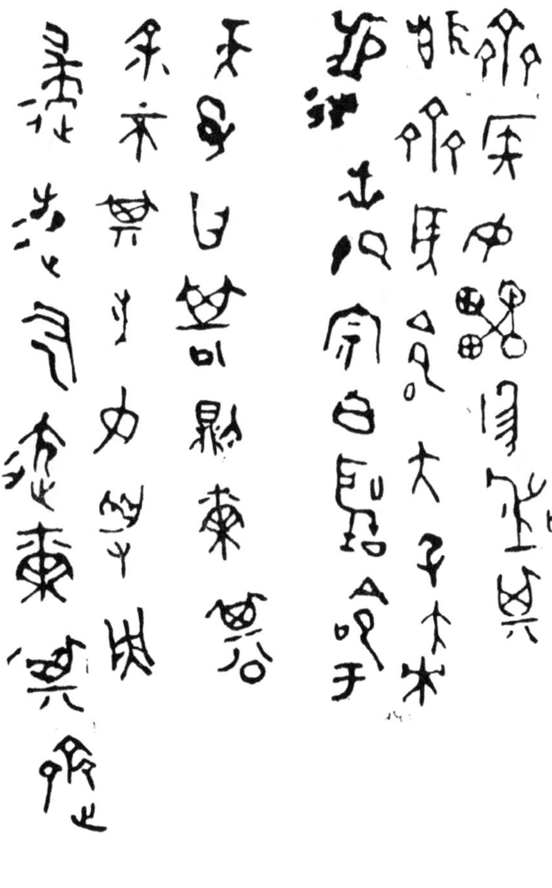

兩罍軒彝器圖釋卷五　齊侯中罍　二

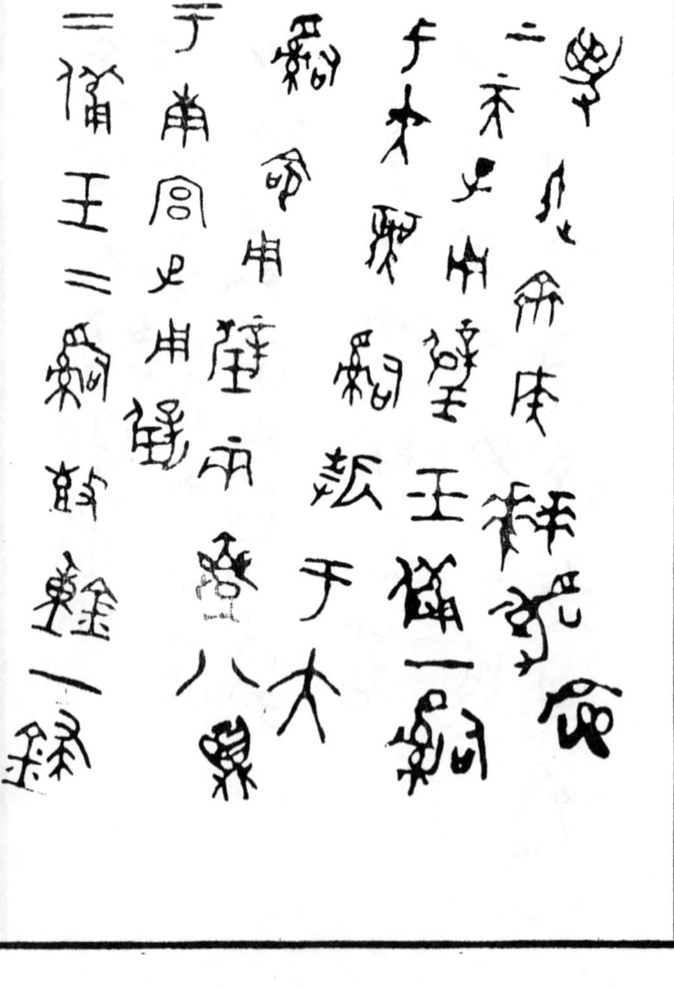

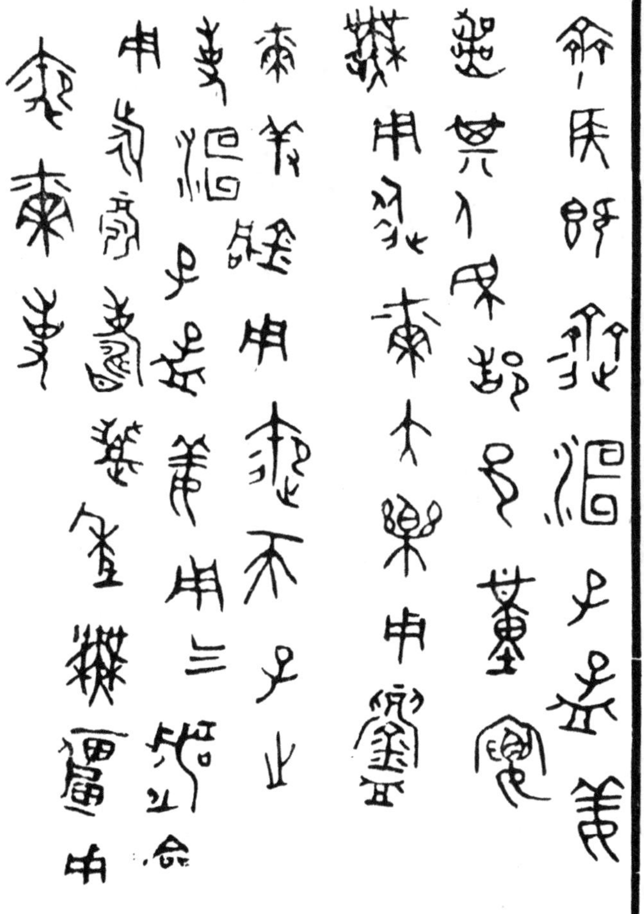

兩罍軒彝器圖釋卷五　齊侯中罍　三

兩罍軒彝器圖釋卷五　齊侯中罍　三

齊侯中女罍爲器其

旅齊侯命大子立樂

逆乇始宗伯聽命于

天子曰朞則爾朞

余不其□女受寍

朿悊惠受御爾其齊

受奉齊侯拜嘉命

□天子用璧玉備一紹

于大舞紹斯于大

嗣命用璧兩登八鼎

于南宮子用璧
二備玉二紹鼓鐘一肆
齊侯既躋洹子孟姜
器其入乘部邑堇釁
舞用從爾大樂用鑄
爾羞嶮用御天子之
吏洹子孟姜用乞嘉命
用祈眉壽萬年無疆用
御爾事

兩罍軒彝器圖釋卷五 齊侯中罍 四

右齊侯中罍銘文一百四十餘字器舊藏蘇州曹氏懷米山房陳頌南曰此器與壽器文大同小異葢同時而作一以紀饗禮一以紀食禮也今卽以其異者釋之其見于壽篇者不具載中字壽器[illegible]舊釋作女以爲齊侯女之罍也然下洹子孟姜兹言不得專指孟姜且篆文作[illegible]中一豎左斜而直與女篆[illegible]中一豎右斜而曲字別定爲中字罍說文木部櫑龜目酒尊刻木作雲雷象象施不窮也從木畾聲罍櫑或從缶𥁮櫑或從皿靁籒文櫑器作畾卽靁之省罍古用木鄭君司尊彝注云山罍亦刻而畫之爲山雲之形詩卷耳正義引此申之曰言刻畫則用木矣故禮圖

兩罍軒彝器圖釋卷五　齊侯中罍　五

兩罍軒彝器圖釋卷五　齊侯中罍　五

亦云刻木爲之許氏五經異義引韓詩說金罍大夫器也
天子以玉諸侯大夫皆以金士以梓毛詩說金罍酒器也
許不從韓說謂以玉經無明文則金玉亦就其飾言之其
實皆用木也故解字以從木之櫑爲正字金罍爲銅者儀
禮士冠禮疏引漢禮器制度洗之所用士用鐵大夫用銅
諸侯用白銀天子用黃金又引漢禮器制度水器尊卑皆
用金罍及其大小異以漢推周大夫酒器用金則罍可用
金故韓毛因以爲說中罍中尊也爾雅釋器彝卣罍器也
小罍謂之坎卣中尊也孫炎注尊彝爲上罍爲下卣居中
廣韵櫑有三上曰彝中曰卣下曰罍尊稱罍者先鄭周禮

注云山尊山罍也後鄭儀禮注云壺爲尊罍夫謂之尊山罍卽山尊則中罍卽中尊也中尊受五斗聶司業三禮圖六彝爲上受三斗六尊爲中受五斗六罍爲下受一斛爾雅郭注罍形似壺大者受一斛毛詩說罍大一碩中尊小於罍而周禮鬯人凡祭社壝用大罍鄭注大罍瓦罍也阮諶禮圖云大罍瓦爲之容五斗似五斗卽稱大罍然瓦罍以其用於社故大之非罍之大者其大罍有宗廟獻尸之罍有宗廟酢尸之罍有饗燕之罍禮記明堂位尊用犧象山罍山罍夏后氏之尊也禮器廟堂之上罍尊扗上犧尊扗西君西酌犧象夫人東酌罍尊此宗廟獻尸之罍也司

兩罍軒彝器圖釋卷五　齊侯中罍　六

尊彝六尊皆有罍諸臣之所酢也鄭康成云諸臣獻者酌罍以自酢不敢與王之神靈共飲鄭司農云尊以祼神罍臣之所飲也酒正疏云三酒皆盛於罍尊拄堂下此宗廟酢尸之罍也詩卷耳我姑酌彼金罍毛傳人君黃金罍此饗燕之罍也此中罍爲金罍大夫器也用以燕饗正與韓毛之說合言中者以其居中故謂之中罍罍大小之制尊卑同皆畫雲雷形所異者其飾耳樂上一字篆文作乃定爲乃字乃樂者乃作樂也下一字篆文作[illegible]與上器週篆不同楚公鐘有[illegible]字筆畫相若亦未審何字今案上體似屰卬兩篆下體是辵字古逆迎通用屰常相混說文逆迎也關東曰逆關西曰迎

定爲逆字七篆作土始篆作八侶扗治二字盖以知古文尙書之扗治卽今文之七始也鄭康成大傳注七始黃鐘大蔟大呂南呂姑洗應鐘蕤賓也案七始見虞書此樂作於王朝不言何樂當是時王制度爲周大武象樂與下韶樂不同夾言㕘吟者樂稱均均卽吟之叚俗書疏堂上之樂謂之笙均堂下之樂謂之磬均樂說聖人徭𠄘天助以立五均均者夾律調五聲之均也文選思元賦注繁欽與魏文牋注又舞賦注引樂徭𠄘天助以五字後漢書張衡傳注引聖人𠄘立五均宋均注均長八尺施弦以調六律五聲後漢書注思元賦注五均謂宮均商均角均徵均羽均周於五均而外加變宮均變徵均更立七均尙書中候文王作豐其

兩罍軒彝器圖釋卷五　齊侯中罍　七

兩罍軒彝器圖釋卷五　齊侯中罍　七

歌曰鳳皇下豐語稱鳳皇之樂調七均夾作鈞當即本此夾謂之七音左傳七音六律以奉五聲隋鄭譯推古樂歌謂周有七音之律又謂之七律賈逵國語周語注七律七器音也黃鐘爲宮太蔟爲商姑洗爲角林鐘爲徵南呂爲羽應鐘爲變宮蕤賓爲變徵也審是則周樂有柰昀變言七始者七始猶柰昀樂緯叶圖徵聖人作樂或調陰陽或調五行或調盛衰或調律麻或調五音與天地神明合德則七始八氣終各得其宜也宋均注七始謂四方天地人也太平御覽天部三漢書律麻志天地人及四時謂之七始黃鐘爲天始林鐘爲地始太蔟爲人始姑洗爲春蕤賓爲夏南呂

爲秋應鐘爲冬是爲四時三始四時合而爲七逆者逆其氣也不其下摩滅不可辯下有尃宁二字尃當爲甫古文甫尃㫗皆通用宁鐘鼎文多作宁此作宁形相若定爲宁字宁杵聲相近齊景公名杵臼據冓器白字當是伯父杵臼四字葢天子命之之詈備一之一冓器作玉此作一卽副玉一　也大舞上多紹乃二字紹乃大舞紹者先命樂八陳樂器正樂位而後乃舞大樂也重言紹者以上命太子三樂乃作樂王朝爲周樂此作樂齊朝爲韶樂也韶樂之舞尙書大傳陽伯之樂舞株離株離者言象物生育離根株也其歌聲比余謠名曰晳陽余謠者徒歌謂之謠其聲

兩罍軒彝器圖釋卷五　齊侯中罍　八

清濁比如余謠然後應律也晳陽仲春之月厥民析也儀伯之樂舞饕哉饕動也哉始也言萬物應雷而動始出見也其歌聲比大謠名曰南陽南任也言可以任萬物也夏伯之樂舞謾彧謾猶曼也彧長也言象物之滋曼彧然也其歌聲比中謠名曰初慮言陽上極陰始謀也羲伯之樂舞將陽言象物之秀實搖動也其歌聲比大謠名曰朱于于大也言物至夏而盛大也秋伯之樂舞蔡俶蔡猶衰也俶始也言象物之始衰也其歌聲比小謠名曰苓落言物之彫零剝落也和伯之樂舞元鶴言象陽鳥之南也其歌聲比中謠名曰歸來歸來言物皆反其本也冬伯之樂舞

齊落齊落終也言象物之終也歌曰縵縵夾曼長也壄爲冬伯舞丹鳳一曰齊落歌曰齊樂一曰縵縵和伯之樂闕韶舞樂章存于世者如大唐之歌樂曰舟張辟雍鶬鶬相從八風回回鳳皇喈喈卿雲之歌樂曰卿雲爛兮日月光華旦復旦兮又曰明明上天爛然星陳日月光華宏予一人又曰日月有常星辰有行四時從經萬姓允誠於予論樂熙天之靈遷于賢聖莫不咸聽鼚乎鼓之軒乎舞之菁華已竭褰裳去之于時八風循通卿雲藂藂蛟魚踴躍于其淵龜鼈咸出于其穴案周兼六代之樂而韶樂存于魯據左傳季札觀樂見舞韶箾尤備于齊其傳獨永漢書禮樂志高祖奏文始舞文始舞者舜招舞也高祖六季叓名文始宋書樂志魏文帝黃初二季改文始曰大韶舞仍舊稱明帝太和初公卿舉高祖文皇帝樂宜曰咸熙之舞咸熙夾卽韶舞也南齊書

兩罍軒彝器圖釋卷五　齊侯中罍　九

樂志晉傅元六代舞歌有虞韶舞宋孝建初以凱容舞爲
韶舞凱容夾本舜韶舞也宋志晉武帝太始二季改制庿
歌其樂舞猶仍舊至九季荀勖知樂事使郭夏宋識造正
德大豫之舞勖及張華傅元又各造歌詞而韶樂以亾據
此則韶樂自傅元後不復傳卽宋之凱容舞亦非韶本旨
然韶之所以歷秦漢魏晉樂譜相承猶能傳其音者得非
陳氏世守之功今觀紹乃大舞紹五字恍然韶樂之作猶
在百能勿痛悒于荀勖諸人撇造新聲辠莫大焉登[illegible]器
作壺此作登二篆筆畫皆明白無可疑者說文𤼷禮器也
從廾持肉在豆上𤼷通作登亦作鐙詩于豆于登毛傳登

薦太羹公食大夫禮太羹湆不和實于鐙祭統夫人薦豆執校執醴授之執鐙字皆用登鐙爲𢍉俗別造登字以登爲祭器之登而登爲登豆之登非也唐石經篇韻皆無登字玉篇有𢍉則𢍉爲正字登鐙皆其通用字兩登卽兩瓦豆大夫禮也爾雅釋器木豆謂之梪瓦豆謂之登豆可統登登不可統豆若大夫之豆則不止用兩陳博士禮書據禮器天子之豆二十有六推此則諸公十有六諸侯十有二上大夫八下大夫六少牢大夫當用四豆今攷少牢饋食禮司宮薦豆不言數而下云取韭菹辯擩于三豆祭于豆閒又云上佐食羞胾兩瓦豆又云主人薦兩豆菹醢侶

兩罍軒彝器圖釋卷五　齊侯中罍　十一

大夫㚒不止四豆然四豆自指木豆言之兩登則卽上佐食所薦之兩瓦豆賈疏云兩瓦豆芉葅在南豕葅在北則器所言正與少牢大夫之禮合鼓鐘下多一肆二字肆卽肆字從金會意爾雅作肆肆古今字虞書肆類作肆𧮰𧮰爲祭祀專文罍諸樂肆作肆肆爲樂縣專文周禮小胥王宮縣諸侯軒縣卿大夫判縣士特縣凡縣鐘磬半爲堵全爲肆蓋縣編鐘編磬爲一堵二堵爲一肆堵如牆堵然肆如市之有肆宮縣象宮室王以四方爲家故也軒縣闕其南避王南面故也判縣東西之象卿大夫左右王也特縣則一肆而已象士之特立獨行也通禮義纂軒縣三面歌

鐘三肆判縣兩面鼓鐘二肆特縣一面唯磬而已計大夫當二肆陳氏大夫也何獨言一肆小胥所言天子之卿大夫非諸侯之卿大夫也諸侯之卿大夫半天子之卿大夫惟一肆肆合二堵說文鏄下堵以二金樂則鼓鏄應之案金當是銉之遺後人以說文橆銉字遂去其半直書作金堵以二銉者言堵以二爲銉也樂則鼓鏄應之言大樂則鼓大鐘以應之說文鏄大鐘也此許氏之意也段氏懋堂謂當作堵橆鏄全樂則鼓鏄應之樂唯軒縣有鏄爲全樂諸侯之大夫二堵諸侯之士一堵皆橆鏄皆不成肆夫鏄爲大鐘特縣鄭康成云鏄如鐘而大許氏愼孫氏炎沈氏約並以鏄爲大鐘而韋昭注國語杜預釋左傳則以鏄爲小

鐘案國語伶州鳩曰細鈞有鐘𣞤鎛大鈞有鎛𣞤鐘則鎛當是大鐘秋濤案說文鎛鑮義異而周禮國語左傳皆叚鎛爲鑮故引爲證堵縣編磬編鐘言堵則𣞤鑮已明何必言堵𣞤
鑮一堵不成肆二堵何爲不成肆諸侯之大夫雖𣞤鑮而
有一肆今以儀禮大射禮之言王制推之樂人宿縣于阼
階東笙磬西面其南笙鐘其南鑮皆南陳笙猶生也東方鐘磬謂之笙皆編而縣之樂以鼓鑮爲節建鼓在阼階西南鼓應鼙在其東南鼓建猶樹也以木貫而載之樹之跗也南鼓謂所伐面也應鼙應朔鼙也先擊朔鼙應鼙應之鼙小鼓也在東便其先擊小後擊大也鼓不在東縣南爲君也　西階之西頌磬東面其南鐘其南鑮皆南
陳一建鼓在其南東鼓朔鼙在其北言成功曰頌西方鐘磬謂之頌朔始也奏樂先擊西鼙樂爲賓所由來也鐘不言頌鼙不言東鼓義同省文也古文頌爲庸　一建鼓在西階

之東南面言面者國君於其羣臣備三面爾虡鐘磬有鼓而已其爲諸侯則軒縣簜在建鼓之間簜竹也謂笙簫之屬倚於堂鼗倚于頌磬西紘鼗如鼓而小有柄賓至搖之以奏樂也紘編磬繩也設鼗在磬西倚于紘也蓋天子爲羣臣避射位闕一面故北方鼓似軒縣實宮縣也若廟堂之上縣鼓在西應鼙在東則四面矣以宮縣例軒縣四面有鐘磬鎛則三面亦有鐘磬鎛惟判縣有鐘磬虡鎛特縣有磬虡鐘矦制半於王制天子之卿大夫判縣東西皆有鐘磬東一肆西一肆爲二肆諸矦之卿大夫判縣東磬西鐘磬一堵鐘一堵爲一肆天子之士特縣南一肆諸矦之士特縣南一堵皆有磬虡鐘也鼓鐘一肆是有鐘也是卽諸矦之卿大夫判縣也故

晉侯賜魏絳以二肆之半非禮也漢武帝高張四縣晉元帝備四廂金石豈王宮縣歟衛仲叔于奚請曲縣後漢光武賜東海恭王鐘虡之樂豈諸侯軒縣歟楚子享郤至爲地室而縣田蚡歬廷羅鐘立曲旃豈大夫判縣歟一肆爲大夫樂於禮爲宜於義爲正樂縣之法鄭氏謂縣鐘磬二八在一虡爲一堵杜預謂樂縣鐘十六爲一肆服虔謂一縣十九鐘賈疏云鄭主左傳初獻六羽衆仲曰夫舞所以節八音而行八風樂縣以八爲數故倍之爲十六服主周禮鳧氏爲鐘以律起數十二辰加以七律爲十九其說與鄭異然大射禮疏十九縣之數鄭君亦以周舞定周縣若

韶縣其詳叚不可得聞今案以尚書虞夏傳及陳氏晉之用之禮樂二書知韶縣當以十二爲一虡傳曰六律者何黃鐘蕤賓無射大蔟夷則姑洗是也故天子左五鐘右五鐘鄭注六律爲陽六呂爲陰凡律呂十二各一鐘天子將出則撞黃鐘右五鐘皆應鄭注黃鐘在陽陽氣動西五鐘在陰陰氣靜君將出故以動告靜靜者皆和也馬鳴中律步者皆有文御者皆有數步者中規折旋中矩立則磬折拱則抱鼓然後太師奏登車告出也入則撞蕤賓左五鐘皆應鄭注蕤賓在陰東五鐘在陽君入故以靜告動動者則亦皆和之也狗吠彘鳴及倮介之蟲皆莫不延頸以聽蕤賓在內者皆玉色在外者皆金聲然後少師奏登堂就席告入也陰陽各六是十二鐘在縣之

權輿陳氏晉之據大射儀東西有鐘磬之縣則天子宮縣堂上之階笙磬頌磬各十二縣堂下阼階而南特鐘特鎛夾各十二縣西階而南編磬編鐘夾各十二縣也陳氏用之夾言樂以十有二律爲之度數以十有二聲爲之齊量故古者考中聲而量之以制度律均鐘紀之以三平之以六成於十二則鐘縣以十二爲一堵也大夫之縣編鐘十二爲一堵編磬十二爲一堵是一肆也言鐘不言磬韶樂起於鐘也鼓鐘上複言紹者以上紹乃大舞紹作樂齊朝係全樂此作樂家庿係半樂然夾本於韶也齊下洹上視彝器有侯既齍三字既說文皀部既小食也引論語不使

勝𠂤既案既通作氣槩餼說文米部氣饋客之芻米也槩
氣或從既餼氣或從𠂤聘禮記如其饔餼之數注古文既
爲餼禮記中庸既廩稱事注既讀爲餼大戴禮朝事篇私
覿致饔既戴氏東原曰皀即餼字段氏懋堂曰三既字皆
槩之省文竊謂古止作既既槩古今字氣餼通用字春秋
左傳桓十季齊人來餼諸侯許引作氣氣即既也齊讀爲
齍說文皿部齍黍稷所以祀者禾部穧稷也粢穧或從次
爾雅釋艸粢稷也是齍穧各義而鄭注周禮甸師肆師小
祝皆易齍爲粢注小宗伯六齍云齍讀爲粢六粢謂六穀
黍稷稻粱麥苽注畣人云齍盛黍稷稻粱之屬則齍粢義

兩罍軒彝器圖釋卷五　齊侯中罍　十四

通是爲古今字詩甫田作齊夾作齍古文也左傳絜粢豐盛禮記粢盛今文也許君器曰齍實之則曰盛而鄭君齍或訓稷或訓黍稷稻粱盛則皆訓在器是則齍與盛之别者齍謂稷也盛謂在器也毛傳夾云器實曰齍在器曰盛說皆與許異者齍可盛黍稷因而謂其所盛之黍稷曰齍齍從皿許以解字爲主故訓器鄭以解經爲主故訓稷也經典中粢多譌粢說文食部餈稻餅也𩜋餈或從齊粢餈或從米粢與齍𥻆義遠段氏懋堂謂𥻆字不見經傳今䅇𥻆穧同字詩此有不斂穧聘禮記十藪曰秉二百四十斗四秉曰筥鄭注秉謂刈禾盈手之秉也筥穧名也是穧即𥻆本訓稷引伸之謂禾秉之數旣齊者

聘禮賓即館君使卿韋弁歸饔餼五牢飪一牢腥二牢餼二牢是也齊即米百筥筥半斛門外米三十車車秉有五藪禾三十車車三秅薪芻倍禾是也蓋是時王人來聘館于陳氏廟齊侯饋之以牢禮之數及禾秉之屬故云此也郜即都之譌然篆文郜邑二字亦明白無可疑者攷春秋郜有二鄭氏樵曰桓二秊取郜大鼎于宋北郜也僖二十秊郜子來朝南郜也杜氏以北郜爲郜國南郜爲宋邑南郜卽在北郜城南二里顧氏棟高主之其說是矣然此外尚有二郜左傳成十三秊焚我箕郜郜晉邑則是晉亦有郜也成十八秊侵城郜城郜宋邑則是宋別有

兩罍軒彝器圖釋卷五　齊侯中罍　十五

郚也晉郚在今太原府祁縣界城郚在今徐州府蕭縣界二皆與春秋時齊地遠唯南郚北郚竝在今山東曹州城武縣東南二十里有郚城案地理志山陽郡郚成侯國水經注泗水篇黃溝又東逕郚成縣故城南此郚成當爲郈成漢書外戚侯表郈成屬濟陰即其地新莽改郈成爲告成後遂譌作郚城于是又謂在城武者曰北郚在山陽者曰南郚其實班志鄆汪之郚成本郈成與城武之郚城繇涉近齊竟宋邑之郚計自隱十秊辛未取郚歸于魯後不聞其地入于齊唯郚國之郚春秋書來朝僅一見公羊傳以爲失地之君孔沖遠謂即僖二十秊傳富辰所云郚之初封文王之子聃季之弟即其國繇時君秊號不知誰滅之而羅泌路史遂牽合宋賂郚鼎以爲宋實并之其說終繇確據疑此郚

爲齊滅之或侵其地取以封陳氏百唯經傳皆橆明文未能肊斷竊謂郜卽高唐之高郜高聲相近如晉郜之郜春秋大事表引高氏曰今太原府祁縣西有郜城俗呼其地曰高城村里語相傳猶存古音高城本郜城則郜邑卽高邑齊有高唐邑其初疑夾名郜後轉爲高唐似鄒稱郰又稱郰婁一類左傳襄十九年夙沙衛入于高唐杜注在祝柯縣西北襄二十五年祝佗祭于高唐杜注高唐有齊別廟蓋齊之宗邑也穆孟姬爲陳橆宇請之陳氏始大故城在今濟南府禹城縣北四十里是高唐爲陳氏邑故以是器紀所封之地亦未可知若然則壽器兩都邑之都上一字篆作[illegible]左從留右從邑當是

兩罍軒彝器圖釋卷五　齊侯中罍　廿六

⿰甾巴字地理志齊郡臨淄師尚父所封以其邱臨淄水故曰
臨淄作⿰甾巴者淄以水爲義⿰甾巴以邑爲義也下一字篆作[illegible]
左從古右從畟即稷之異文左傳昭十年陳鮑伐欒高戰
于稷杜注稷祀后稷之地今臨淄西南三十里有稷山⿰甾巴
⿰土畟皆在齊都當是菫豐二子所食
地故以是器紀之竝存之以俟攷豐此篆作[illegible]即隸變作
⿱亠豐之始案梁氏履繩引春秋分記世譜𣞤宇生三子曰開
曰乞曰書開書皆𣞤傳今攷昭子爲桓子之子則
三子而外尚有菫開即豐史記索隱引世本⿱亠豐產子獻獻
產子鞅又鄭氏通志氏族略引世本子占氏桓子生書字
子占之後則謂開書𣞤傳者非也而唐書宰相世系表載
𣞤宇二子曰恆書恆乃陳乞之子桓子之孫唐書蓋誤路
史後紀又引世本子石氏爲桓
子子石之後子石疑即乞之字舞用從爾大樂此行食禮
納賓之樂也此大樂當即周大樂以其時王所制故曰大
樂亦以從王朝所作故曰從爾大樂饗食用大樂於禮皆
𣞤徵今以燕禮攷之樂人縣席工于西階上少東樂正先

升［天子有大司樂諸侯無大司樂樂正當大司樂］小臣納工工四人［鄭注工四人者燕禮輕從大夫制也賈疏鄭言此決大射禮重工六人從諸侯制案公羊傳諸公六諸侯四若然知非大射是諸公制此燕禮是諸侯制者案鄉射之工四人是大夫制則諸侯不得有工四人五等諸侯同六人彼公羊六人四人不同者自是舞人之數不得以彼決此也］二瑟小臣左何瑟面鼓執越內弦右手相入升自西階北面東上坐小臣坐授瑟乃降工歌鹿鳴四牡皇皇者華卒笙入立于縣中奏南陔白華華黍乃間歌魚麗笙由庚歌南有嘉魚笙崇丘歌南山有臺笙由儀遂歌鄉樂周南關雎葛覃卷耳召南鵲巢采蘩采蘋奏陔記若以樂納賓則賓及庭奏肆夏升歌鹿鳴下管新宮笙入三成遂合鄉樂若舞則勺案經所言爲天子燕羣臣之常

樂記所言爲天子燕卿大夫有王事之勞之樂據鄭注鄉飲酒禮云周南召南國風篇也夫婦之道生民之本王政之端故國君與其臣下及四方之賓燕用之合樂也鄉樂者風也小雅爲諸侯之樂大雅爲天子之樂鄉飲酒升歌小雅禮盛者可以進取也燕合鄉樂禮輕者可以逮下也春秋傳曰肆夏繁遏渠天子所以享元侯也文王大明緜兩君相見之樂也然則諸侯相與燕升歌大雅合小雅與大國之君燕升歌頌合大雅依鄭說鄉飲酒爲饗禮升歌鹿鳴進取諸侯之樂饗禮盛故言可以進取燕禮輕故言可以逮下是鄉飲酒禮爲饗樂燕禮爲燕樂其實饗燕同

樂左傳襄四季穆叔如晉工歌鹿鳴之三是與燕禮同樂也饗樂與燕樂同則食樂亦與燕樂同今爲國君饗食天子之賓當從進取之例周禮大行人凡大國之孤其他皆眡小國之君鄭注此以君命來聘者也其他謂貳車及介牢禮賓主之閒擯者將幣祼酢饗食之數則天子之卿當眡大國之君用諸矦相與燕之禮升歌大雅合小雅從大樂也從者從禮盛之意也驗舊釋作彝謂卽召鼎之饒今案字當爲䵼卽烹飪之器以金爲義片爲聲爿片同口象形從金與從鼎同意說文金部鉉下易謂之鉉禮謂之鼏是金可作鼎則鼎亦可作金䵼爲正文驗爲異文說文鬻䵼有鬺鬲部鬺煮也從鬲羊聲玉篇鬺式羊

兩罍軒彝器圖釋卷五　齊侯中罍　六

切亦作䵴鬺同上廣韻䵴亦鬵集韻鬵或作䵴鬺䰝類篇鬵或作鬺䰝是䵴即說文之鬵通假作鬺䰝又假爲湘詩采蘋于以湘之漢書郊祀志注引韓詩湘作鬺史記封禪書鑄九鼎皆嘗亨鬺則䵴爲亨煑因而取以名亨煑之器猶釿爲劑斵因而取以名盛劑斵之器盂申鼎言作䵴彝是其證知䵴爲食禮者案儀禮公食大夫禮羹定鄭注云肉謂之羹定猶孰也箸之者下以爲節是食禮先箸亨飪以爲義也魚腊飪鄭注云飪孰也食禮宜孰饗禮有腥者賈疏曰上文直云羹定肉謂之羹恐魚腊不在羹定之中故此特箸魚腊飪也以食禮尚孰故皆飪也爾是食禮皆

以𠃟爲薦故詺特言鑄爾𦰩䀇夾箸其𠃟之義也饗禮有
酒𦎫器于上特箸兩壺明饗有酒故祭夾言酒也㑹禮𤁾
酒此器於上別箸兩登明㑹𤁾酒故祭不言酒也公㑹大
夫禮宰夫右執觶左執豐進設于豆東鄭君謂有酒者優
賓也其實唯用漿酳口雖有酒不用酒也禮有再饗故𦎫
器兩言之禮惟壺㑹故此器單言之彼爲饗禮此爲㑹禮
詺文瞭如指掌又何疑哉或以𦎫器有兩段指此爲奪文
或以此器一段謂彼爲衍文皆非也饗㑹之次聘禮公于
賓壹㑹再饗賓介皆明日拜于朝上介壹㑹壹饗是㑹𢫬
𦎫饗𢫬後公㑹大夫禮設洗如饗拜至皆如饗拜是饗𢫬

兩罍軒彝器圖釋卷五　齊侯中罍　九

冓飤扗後饗飤可以互相爲先後也饗飤皆君親致若不
親饗親飤則致饗以酬幣致飤以侑幣皆如致饔餼儐餼
儐者言己本宜從故不用儐也今觀諸言大樂言用御當
是齊侯親爲饗親爲飤陳氏爲作大樂用君命以訝之也
且聘禮言凡致禮皆用其饗之加籩豆致禮謂君不親饗
加籩豆謂其實也夾實于罋筐今言薵釿薵鈚薵險則君
爲親薵非實于罋筐可知諸侯不至大夫之家而可以至
于廟者賓扗則禮然爲敬賓也大夫於賓夾有饗飤聘禮
大夫于賓壹饗壹飤上介若飤若饗知非陳氏自爲饗飤
者以器言齊侯蓋紀齊侯之事且大樂夾卽齊之大樂也

詺末吏字讀若事古吏事通用御爾事者統言祭廟納賓作樂永寶其器以御於廟之事也右冓篇詳于禮而略于樂因此二器皆爲作大樂而鑄故于此篇縷析言之以資攷證案史記孔子世家言魯昭公二十五季孔子適齊是季爲周敬王三季甲申說苑載孔子至齊郭門之外遇一嬰兒挈一壺相與俱行其視精其心正其行端孔子謂御曰趣驅之趣驅之韶樂方作于是至而聞韶學之三月不知肉味曰不圖爲樂之至于斯也合此二說觀之韶樂之作當即其時則二器或作于是季也又案春秋書天王使大夫聘魯者八列國不書其下聘于齊見于傳者莊二十

兩罍軒彝器圖釋卷五　齊侯中罍　二十

七秊王使召伯廖賜齊矦命僖九秊王使宰孔賜齊矦胙
僖十一秊王使召武公內史過賜夷吾命襄十四秊王使
劉定公賜齊矦環命而此事聘齊其書闕如穀梁子曰聘
諸矦非正也諸矦朝而王聘正也諸矦不朝而王聘非正
也觀器言其旅齊矦命太子立樂則是齊矦朝于王也齊
矦既齍用大樂以御則是王使人來聘而齊矦饗之陳氏
訶之也正也此詒可以補饗禮之遺可以訂樂經之闕而
并可以錄春秋之佚　雲　按第二行命太子下篆作大陳氏
釋爲乃謂乃樂者乃作樂也細審與阮氏器第二行大相
類其闕筆乃剝蝕耳亦當釋爲立目乃樂不如立樂之爲

安第三行聽命下陳氏闕一字今觀篆拓是于字第五行
余不其下陳氏闕二字按阮氏器篆作叓中釋爲事女今
ㄓ字甚爲明顯亦當釋爲女第六行帚字下陳氏闕二字
今細審篆蹟剝蝕處以阮氏器校之當亦是悊惠二字第
九行首一字篆作亐陳氏釋乃觀篆拓當是于字
右齊侯罍二器一爲揚州阮文達公藏一爲蘇州曹秋舫
載奎藏現在均歸余齋當年文達獲此罍自謂得之最後
翫之最久繪圖刻石一再攷釋繼以詞詠珍爲大寶題張尗未釋文後云吾所藏金以齊侯罍爲大寶見眉壽圖石刻一時海內知名之士如許印
林龔定庵吳子苾朱椒堂張尗未何子貞諸公各有釋文

兩罍軒彝器圖釋卷五　齊侯中罍　三十

而陳頌南二篇最爲賅博余昔箸二百蘭亭齋金石記專以陳氏所釋爲準僅附拙見於後亦間采他家箸錄近日陳壽卿太史寄來釋阮器文一篇意義新確擬彙諸家所釋並合兩器篆文校其同異逐字攷證另編專集以公同志之好茲則但就銘篆所有而陳氏釋爲闕文者補正之不復參以鄙說他家所釋亦不復羼入云

兩罍軒彝器圖釋卷六

周庚羆卣

兩罍軒彝器圖釋卷六 庚羆卣

一

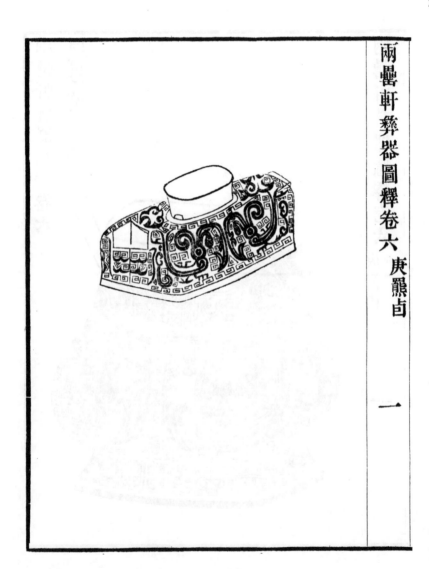

器橢圜有蓋通高今尺七寸二分合提梁至底八寸三分五釐深四寸九分器口前後徑三寸三分左右徑四寸五分腹前後徑四寸九分左右徑六寸三分圍一尺八寸三分底前後徑四寸五分左右徑五寸七分重今庫平一百三十五兩一錢蓋重三十五兩

器

蓋

惟王十月既望辰在己丑
王格于庚羆宮王穫庚羆
曆錫貝十朋又丹一柝柝庚羆
對揚王休用作乃文姑寶
尊彝其子子孫孫萬年永寶用

蓋釋同

右銘文五十一字器蓋同庚下一字篆作[glyph]作器者之名
韓履卿都轉釋作能謂卽熊羆之熊省吳讓之茂才釋作
龍翁叔均云字從能從冈冈古网字說文羆如熊黃白文
從熊羆省聲羆古文從皮皮作⿱能皮此字上從能下從羆省與
⿱能皮同意疑卽羆字 雲 按釋能釋龍皆近似而與篆文中[glyph]
字未詳當讀爲羆古之以羆名者先秦兩漢以來甚多定
爲羆字無疑[glyph]與邑尊[glyph]邑卣[glyph]臤尊[glyph]敄卣[glyph]相似四
器下皆有曆字與此器曆亦同博古圖嘯堂集古錄薛氏
鐘鼎款識及阮氏積古齋均釋作蔑歷阮氏云古器文每
言蔑歷皆勉力之義是蔑歷卽爾雅所謂蠠沒後轉爲密

勿又轉爲黽勉小雅十月之交黽勉從事漢書劉向傳作
密勿從事是也此器文作王蔑庚羆曆與敔敦王蔑敔曆
事段敦王蔑段曆竝同若依阮氏所釋連文爲義則不得
分析用之今按說文禾部有穖禾也甘部有曆和也從甘
從麻麻調也甘亦聲讀若函按周禮凡會膳食之宜牛宜
稌羊宜黍豕宜稷犬宜粱鴈宜麥魚宜苽鄭注會成也謂
其味相成也古文義簡言穖則凡黍稷麥粱皆該之矣曆
則調和膳食之宜也詳繹銘文上言王格于庚羆宮下言
王穖當是王所御之食也庚羆曆則庚羆調和膳羞以進
獻也因進獻而錫貝作器紀之以彰寵賚也櫔或釋作宅

如左傳丹桓宮之楹若謂又丹𩎤其一屋上言王格于庚羆宮故又及其屋也翁葯房中丞云說文丹巴越之赤石也當讀如字翁叔均云丹彤省弓矢之飾書文侯之命彤弓一彤矢百傳諸侯有大功賜弓矢𢷎讀爲櫜說文𢷎與櫜音義竝同古老子櫜作㭒從𢇛與從庰同櫜所以盛弓矢說文櫜車上大橐詩曰載櫜弓矢又彤一櫜言又錫以彤弓矢一櫜也不言弓矢者省文猶元黃之幣但言篚厥元黃也雲按說文丹古文作彤厤散氏盤三見釋作𢷎未詳其義廣韻櫜同𢷎陸氏曰櫜卽𢷎之重文詩彤弓受言櫜之櫜韜也卽大櫜也厤釋櫜省櫜自無疑義文姑爾雅

父之姊妹爲姑文姑猶它器言文祖文考文父文母尊稱非謚也歐陽公集古錄載伯庶父敦爲王姑周姜作與此正同家讓之云說文鬻注涼州謂鬻徐鍇作糜爲鬻從鬲穖聲或作粖鬻餰也餰卽餈之重文荀卿書酒醴餈鬻內則曰取稻米舉糔溲之小切狼臅膏以與稻米爲酏此周禮酏食也鄭司農云酏食以酒酏爲餠後鄭不從謂酏餈也直破酏爲餈內則取稻米云云正作餈字按禖問志云內則餈次糝周禮酏次糝酏在飲中不合在豆且內則有餈無酏周禮有酏無餈明餈酏是一也故破酏從餈也並本賈疏段氏云鼎中有肉有菜有米以米和羹曰糜二者餰之類許

書鬻鬻鬻鬻鬻鬻鬻鬻凡七文皆謂鬻但有米和肉不和肉之别銘中穖卽䊞字穖䊞形聲皆合但昜米從禾與鬻之昜食作餗鬻之昜食作餌一例也又省鬻與鬻之省作羹鬻之省作煮一例也說文曆訓和段氏證以周禮凡和春多酸夏多苦秋多辛冬多鹹調以滑甘申從厤之恉然則庚羆進王所御之食必有如周禮食醫掌和王之六食六飲六膳百羞百醬八珍之齊之官言茂曆者王之膳羞得其和言穖某某曆者並繫臣下和王膳羞以進者之名也他器或繫名或不繫名如邑尊云公姞命邑人名治田邑茂曆錫馬錫裘臤尊云臤人名茂曆仲業父錫□金臤拜稽首

對揚業父休竝繫名於蔑曆二字之上若稱卣云稱從師
淮父戍于古𠂤蔑曆錫貝則繫名從師之上文雖小異亦
可通矣並存之以資參攷

周亹卣

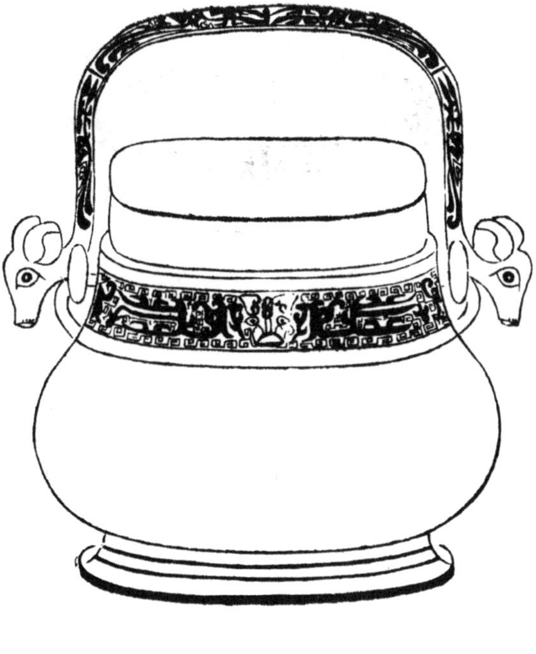

器櫍圓有蓋通高今尺六寸七分合提梁至底七寸七分深四寸三分器口前後徑三寸左右徑四寸一分腹前後徑四寸七分左右徑五寸三分圍一尺六寸六分底前後徑三寸六分左右徑四寸八分重今庫平七十二兩

兩罍軒彝器圖釋卷六壺卣　八

⿺辶黽作寶尊彝

蓋釋同

兩罍軒彝器圖釋卷六 ⿺辶黽卣 九

兩罍軒彝器圖釋卷六 壺卣 九

右壺卣舊藏積古齋釋爲壺作器者名一釋作惠古文惠从芔辥氏欵識盄和鐘晉姜鼎惠字皆與此略同余按薛氏盄和鐘晉姜鼎兩惠字篆文一作疐一作疐鐘銘云畯惠扗位鼎銘云眉壽作惠㠯文義繹之當釋作惠斷不能作壺此卣疐爲作器者名無文義可攷援薛氏兩惠字㠯爲證則此疐亦當斷爲惠字今標題仍從積古齋定爲壺

周師酉敦

兩罍軒彝器圖釋卷六 師酉敦 十

器高今尺四寸七分深三寸二分口徑五寸四分腹徑六寸八分圍二尺一寸一分底徑五寸八分重今庫平一百十二兩

兩罍軒彝器圖釋卷六 師酉敦

十一

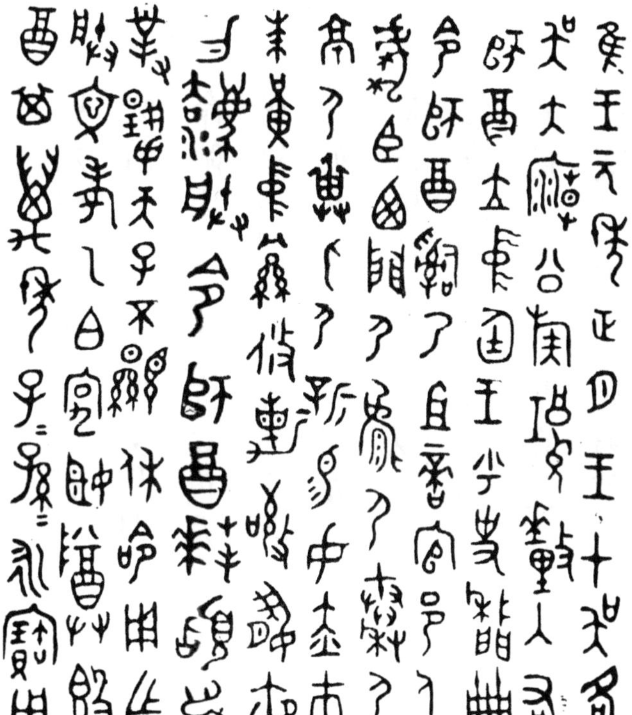

兩罍軒彝器圖釋卷六 師酉敦 十一

唯王元年正月王在吴格
吴太廟公族瑀釐入右
師酉立中廷王呼史秐門冊
命師酉司乃祖商官邑及
虎臣西門節能節奉秉節
京節弁人節新錫女赤市
朱黃中㬎攸勒敬夙夜
勿廢朕命師酉拜稽首
對揚天子丕顯休命用作
朕文考乙伯究姬尊敦

酉其萬年子孫永寶用

右銘文一百八字阮文達公云古籍周王無適吳事此吳古虞字也詩周頌不吳不敖史記孝武紀引作不虞不驁左僖五年傳虞仲吳越春秋作吳仲漢書地理志云武王封周章弟中於河北是爲北吳後世謂之虞又史記吳世家每以中國之虞夷蠻之吳分别言之者亦以吳虞同字也蕭山王進士宗炎云左氏傳曰太伯虞仲太王之昭又曰宋祖帝乙鄭祖厲王謂諸侯始封得立出王廟然則虞太廟當是太王廟也古者天子適諸侯必舍其祖廟莊二十一年傳言王巡虢守其時虢公方爲王卿士也虞與虢

兩罍軒彝器圖釋卷六 師酉敦 十二

皆稱公疑虞先君亦有爲王卿士者故王巡其守知是虞非吳者穆天子傳載天子南登于薄山窴軨之隥宿于虞當卽其事吳則無文以應之鴡鸒之鴡從孫淵如觀察釋字從工從鳥象形與無專鼎鴡字相類特文有繁省耳秝字從禾從片卽厤字廣雅云櫳棺也其當謂之厤字通和呂覽云見棺之前和和門爲史名猶鴡鸒爲公族名古人少二名此二人皆二名也或曰他器右者與史皆舉其名此但舉其官言公族在廟祝鴡鸒而入右王呼史於和門而冊命酉和門軍門也見周禮大司馬注此器銘變例說可坿存司讀爲嗣商通商殆師酉之祖爲商官食采邑周

初不改卽命酉嗣守之也商或釋作啚以爲酉祖名亦通虎臣宿衞之職及作乁見薛氏款識齊侯鐘西門節門關之節也能通熊字見虢叔大林鐘銘熊節疑同虎節汗簡奉字作□說文奉字作□此作□下□亦象手承之形是古奉字也秉字說文訓爲禾束從又持禾秉節當是主委積之節卽貨賄之璽節也京王都京節則守邦國之玉節也畀說文訓爲舉人節土國之使節也曰奉曰畀義同執持之意也㬎卽韅字春秋傳韅靷鞅靽皆所以馭馬說文韅作韅訓爲著掖靲靲字訓云纏靲一曰龍頭繞者秦公孫縶字當爲子韅禮檀弓作子顯省文此作㬎又顯之省

兩罍軒彝器圖釋卷六 師酉敦

也王進士云究字從宀從口從九口者國邑也九鬼古通
用商時有鬼侯國侃叔云宄古究字古宄軌通從口者古
人以口爲規故以爲聲義宄古亦作穽習鼎云穽伯穽法
也與此宄姬同義仲慶父敦云皇考辟伯王母辟姬義亦
同辟軌並訓法也文載積古齋鐘鼎款識有蓋文與器同
甲寅春得此器於江都荒市郎阮文達公所藏

周師酉敦蓋

兩罍軒彝器圖釋卷六　師酉敦蓋　十四

蓋高今尺二寸一分口徑五寸六分重今庫平三十一兩

兩罍軒彝器圖釋卷六 師酉敦蓋

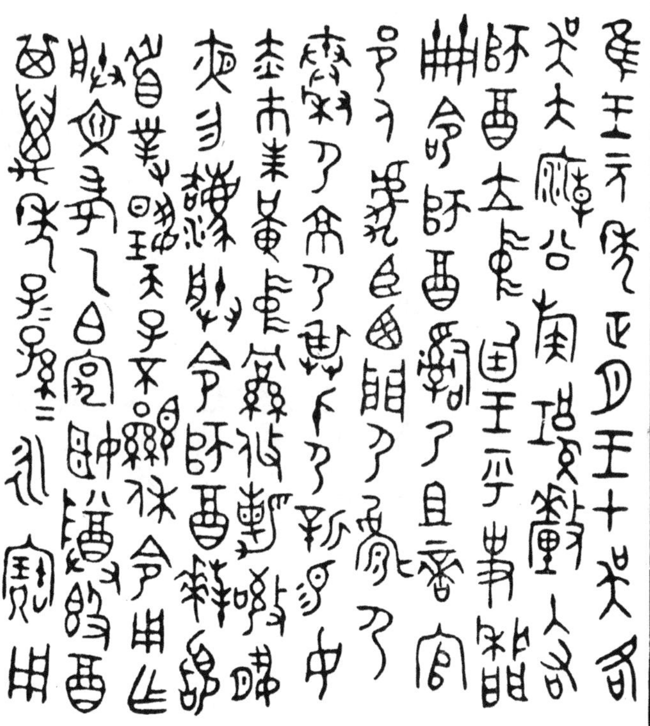

十五

兩罍軒彝器圖釋卷六　師酉敦蓋　十五

右師酉敦蓋銘文與器同案此器舊爲阮文達公所藏余於甲寅季冬得於江都荒市載入二百蘭亭齋金石記時蓋已佚公訪求未獲後爲友人金香圃方伯㠯誠購得之知器在余處書來借玩數日遲畱不歸而香圃遽歸道山頻年屢索未還今春金氏㠯遷家檢點箱籠見之遂并器蓋歸余延津之配出諸意外此中信有呵護之者亟刊入彝器圖釋附於器後並記其離合緣起如此

周師酉敦二

兩罍軒彝器圖釋卷六 師酉敦 ‍十六

器通高今尺七寸一分深三寸七分口徑六寸一分腹徑七寸六分腹圍二尺四寸五分底徑六寸四分重今庫平一百四十兩

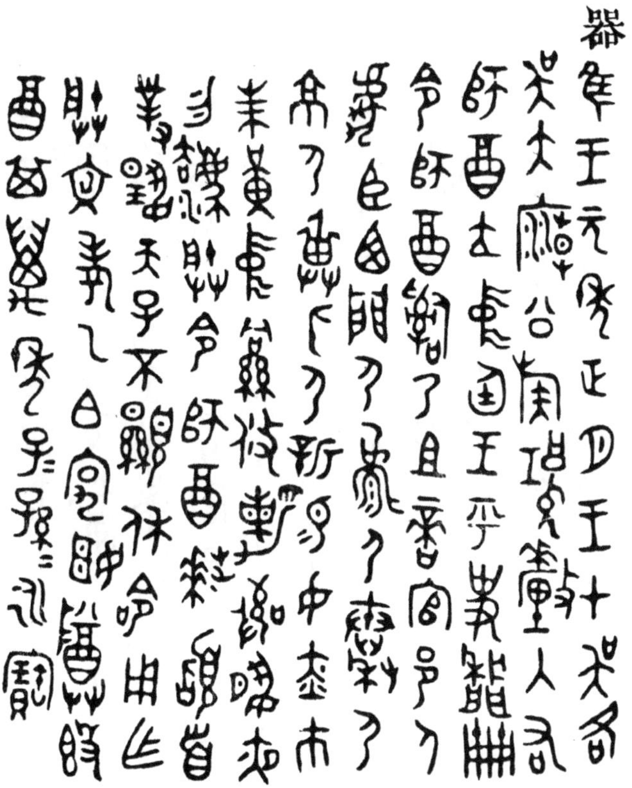

兩罍軒彝器圖釋卷六 師酉敦 七

蓋

隹（唯）王元年正月，王才（在）吳，各（格）大
廟，公族𦥑入右師酉，立
中廷。王乎（呼）史牆冊命
師酉：嗣乃且（祖）啻官邑人、
虎臣、西門尸（夷）、𣪊、秦尸（夷）、
京尸（夷）、弁身尸（夷）……
……易（賜）女（汝）赤
市、朱黃、中絅、攸勒。敬夙夜
勿廢朕令。師酉拜稽首，
對揚天子不（丕）顯休令，用
乍（作）朕文考乙白（伯）宄姬
尊簋。酉其萬年子子
孫孫永寶用。

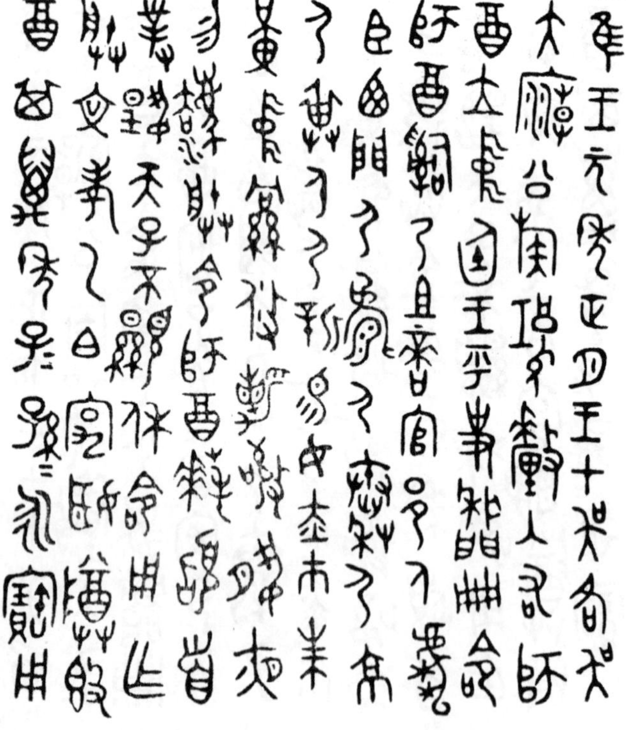

釋同前器

右師酉敦器蓋俱全器銘一百零七字蓋多一用字與前一器形制銘文皆同當爲一人所造舊藏海甯陳受笙孝廉均後歸朱筱漚太常鈞亦東南著名之器也

兩罍軒彝器圖釋卷六 師酉敦 十六

周夆妃敦

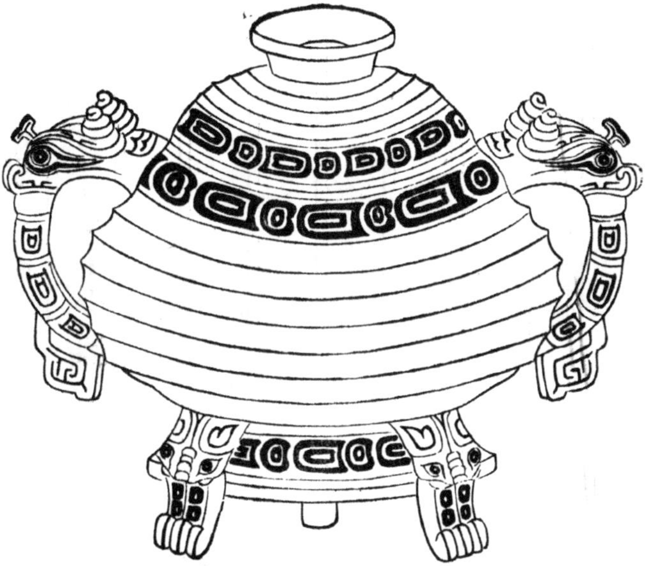

兩罍軒彝器圖釋卷六 夆妃敦 九

器通高今尺八寸深四寸一分口徑五寸九分腹徑八寸

圍二尺四寸九分底徑七寸重今庫平一百六十兩

僞

器

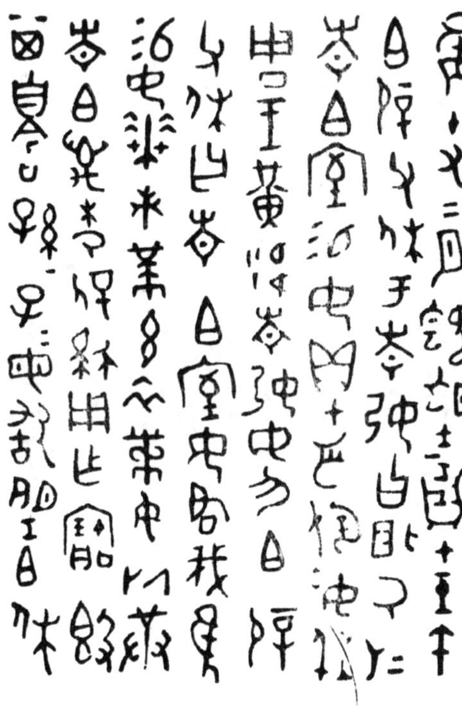

兩罍軒彝器圖釋卷六　夆妃敦　二十

蓋

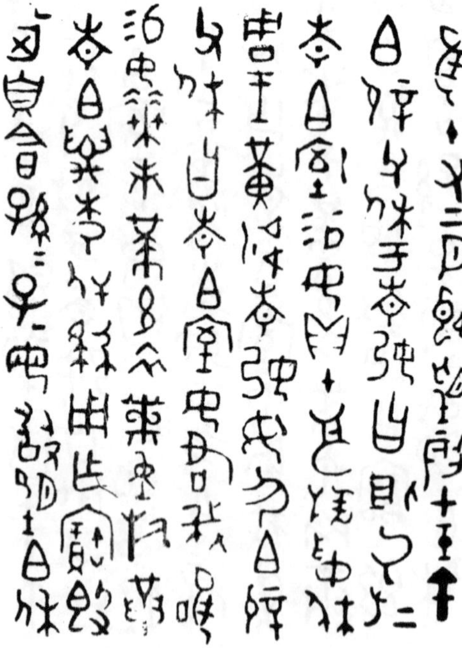

惟十又二月既望辰在壬午
伯辟父休于岑妃曰祖乃左
岑伯室錫女貝十甬埶口我
周王黃口岑妃女勿伯辟
父休曰岑伯室女君我唯
錫女華赤芾元衣帶束旂革
岑伯萬年保𦿃用作寶敦
其自今日孫=子=毋敢望伯休

兩罍軒彝器圖釋卷六 岑妃敦 三

兩罍軒彝器圖釋卷六　岑妃敦　　主

右岑妃敦器蓋銘各八十八字其文與積古齋所載楷妃彝相類當同時所作器也岑釋岑國名𠂇釋左㠯積古齋釋象形禮月令角斗甬鄭注甬今斛也今从之甬釋爲埶郎禾穜與商父尊銘錫秉執埶字同義𠃧積古齋釋作又有也猶保也余按𠃧應作勿說文解勿字云州里所建旗象其柄有三游雜帛幅半異所以趣民故遽稱勿勿禮記禮器勿勿乎欲其饗之也注勿勿猶勉勉也大戴記曾子立事君子終身守此勿勿也注同勿皆訓勉銘曰岑妃女勿者勉之之辭也段氏注勿字象其柄謂右筆也余按右筆似未象形向以段氏所注爲疑今觀篆文𠃧下多一小

直正象柄形足爲許君解字之證古器物可以羽翼經史字書如此三游三彡也中少一游古篆筆畫每有增省汗簡與龍敦彡字皆作㕣游無足異也積古齋釋旞通綏今从之

兩罍軒彝器圖釋卷六 夆妃敦

周封敦

兩罍軒彝器圖釋卷六 封敦 二十三

器通高今尺六寸三分深四寸一分口徑四寸八分腹徑七寸圍二尺一寸五分底徑五寸重今庫平八十六兩

蓋

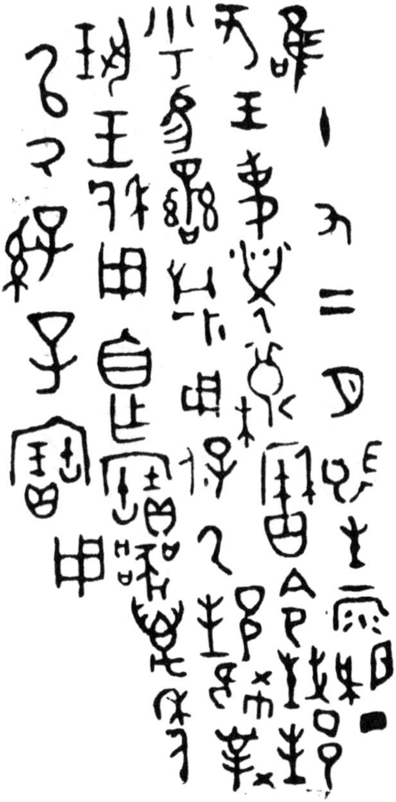

兩罍軒彝器圖釋卷六 封敦

三十四

兩罍軒彝器圖釋卷六 封敦

器

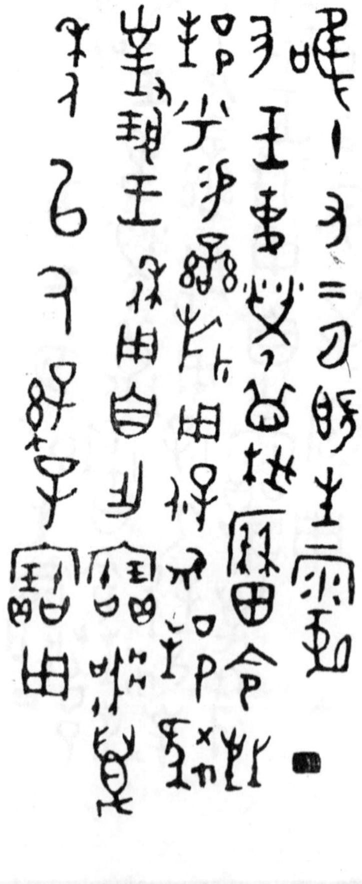

唯十又二月既生霸丁
亥王事艾𥡴麻令封邦
乎錫緣旂用保乃邦䌛對
揚王休用自作寶器萬季
㠯乃孫子寶用

兩罍軒彝器圖釋卷六 封敦

唯十又二月既生霸丁
亥王事艾積厤令封
邦乎錫䜌旂用保乃邦𨽻
對揚王休用自作寶器萬
年吕乃孫子寶用

右封敦器蓋銘各四十四字徐籀莊釋曰乂上从兩火下从刀燒薙之象本艸乂字讀爲乂安之乂卯敦乂字正从兩火以國名讀若艾䅟古文蔑厤通歷蔑歷二字古器銘屢見蔑歷猶云揚歷揚歷本鄭氏古文尚書盤庚下見文選魏都賦劉注蓋懋德懋功之意敄从生从攴見說文玉篇讀若枉按此爲康叔名蓋封字異文古人名如契作偰亦作卨皐陶作咎繇伯益作柏翳此類甚多𨽾从彖从聿字同肆韵下器字𨽾字積古齋彝器款識楖妃彝釋云泉楖伯萬季保𤔲燕肇于彝按楖妃彝當作縣伯彝楖當作縣縣擊之象𤔲當作𨽾義同裔燕當作敢與下文母敢望伯父休敢字同文泉縣伯萬年保𨽾句敢肇于彝句肆餘也與夏肆肆字同義銘文曰王事乂與書序成王既伐管叔蔡叔合曰蔑歷與左傳選建明德合曰命封邦與左傳命以康誥封於

兩罍軒彝器圖釋卷六 封敦 三十六

殷虛書序封康叔作康誥酒誥梓材合曰呼錫鸞旂與左
傳分康叔以大路少帛綪茷旃旌合曰用保乃邦肆與左
傳殷民七族書序殷餘民康誥用保乂民用康保民小人
難保應保殷民若保赤子合其爲康叔器無疑矣書金縢
鄭義居攝四秊封康叔作康誥康誥鄭義是時周公居攝
四年是康誥惟三月哉生魄爲四秊之三月今以尚書大
傳二秊克殷竹書紀秊三年遷殷民于衞史記衞世家以
殷餘民封康叔爲衞君周公乃申告康叔康誥鄭義王若
曰總告諸侯及是銘惟十又二月參攷證之始封康叔當
在三秊之十二月至四年三月乃作康誥惟據漢書律歷

志周公攝政五季正月丁巳朔推之四年無閏三季十二月無丁亥日有閏則丁亥扗二十三日或二十四日與銘云既生霸不合未敢遽定耳此敦舊爲張叔未所藏今在余齋籀莊釋文頗爲博辨錄之以俟參考

兩罍軒彝器圖釋卷六封敦

三十七

周兄光敦

彪

兩罍軒彝器圖釋卷六 兕光敦 二十八

器高今尺四寸三分深三寸二分口徑五寸八分腹徑七寸腹圍二尺二寸五分底徑六寸七分重今庫平八十一兩

[illegible]从兄从光乃兄之緐文不當釋兄光二字

兄光作尊敦其
壽考寶用

兩罍軒彝器圖釋卷六 兄光敦 二十九

右兄光敦銘十字按阮氏積古齋謂兄光爲二字合文猶庚子西夏之例稱兄者弟爲作器也

周惠敦

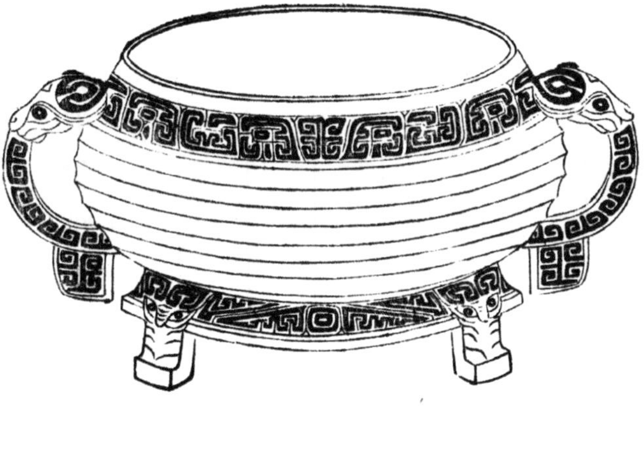

兩罍軒彝器圖釋卷六 惠敦 三十

器通高今尺五寸五分深四寸口徑六寸腹徑七寸一分

圍二尺三寸底徑六寸三分重今庫平八十四兩

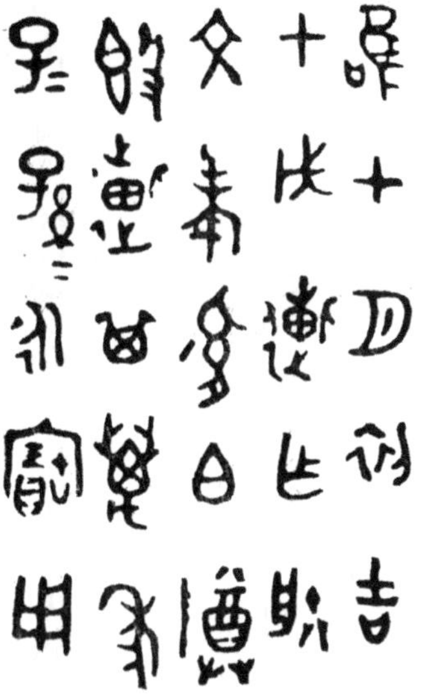

唯十月初吉
甲戌惠伲朕
文考允伯尊
敦惠其萬年
子=孫=永寶用

兩罍軒彝器圖釋卷六 惠敦

右惠敦銘二十七字按是敦張尗未於嘉慶壬戌春同宋芝山購於京師內城隆福寺集載入阮氏積古齋彝器款識第六卷𢌿張尗未从辥氏款識盄和鐘晉姜鼎釋㐌惠積古齋釋作彙亦釋作𡅈今从惠

周伯到敦

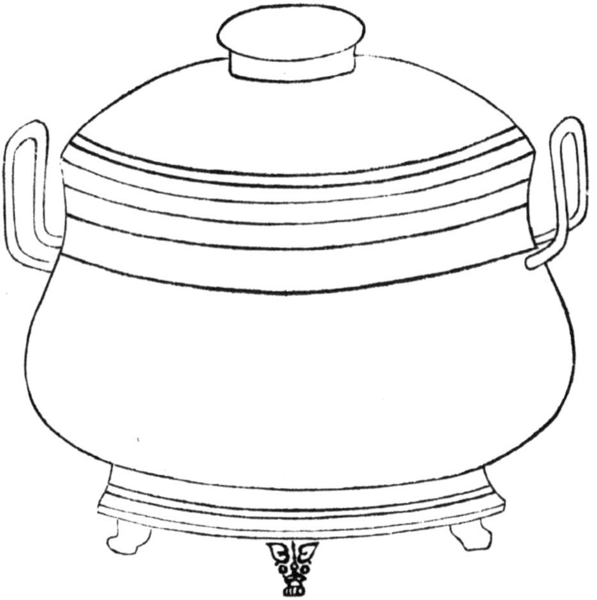

兩罍軒彝器圖釋卷六 伯到敦 三十二

器通高今尺七寸七分深三寸五分口徑六寸一分腹徑七寸圍二尺二寸八分底徑六寸二分重今庫平一百三十九兩七錢

伯到作
孰敦

蓋釋同

右伯到敦銘曰伯到乍孰敦按到乍器者名伯到如伯員伯冏之類孰釋孰說文孰食飪也韵會熟本作孰後人加火段氏說文注曹憲曰顧野王玉篇始有熟字禮明堂位有虞氏之兩敦注敦之爲器有蓋有當盛黍稷周禮珠槃玉敦注古者以槃盛血以敦盛食薛尚功鐘鼎款識引劉原父先秦古器記曰敦者有虞氏之器周禮有金敦玉敦玉敦以盛血金敦以盛黍稷薛氏又謂器有祭器有用器㫺之人神祀享之禮其彝器食歓每通用之既以人道祀乎神可以神道享乎人矣此家廟中與夫平日燕居之器皆得銘而用之初無別也此曰乍孰敦者當爲盛食飪之

器也

兩罍軒彝器圖釋卷六 伯到敦

周史頌敦蓋

兩罍軒彝器圖釋卷六　史頌敦蓋　三五

蓋高今尺二寸六分口徑七寸八分重今庫平四十六兩

兩罍軒彝器圖釋卷六 史頌敦蓋 三十六

兩罍軒彝器圖釋卷六　史頌敦蓋　三十六

惟三年五月丁子王在宗
周命史頌德穌澤友里君
百生帥偶盩于成周休右
成事穌賓寵馬三匹吉金用
作𩰫彝頌其萬年無疆日
匡天子覭命子子孫孫永寶用

右史頌敦蓋銘六十三字徐籀莊釋曰宗周謂鎬京史內史頌名得德通慶賞之謂德頌即穌字蘇省文侯氏名[illegible]古澤字𦍒象獸形蓋古文旲[illegible]象回帀形即口字合爲藪牧之象从水則爲澤矣澤友里地名君猶尹也百生其人名𨸏古隅字从𩫏城隅之象隅通作偶副貳也盩即抽字引也去也于往也成周謂洛邑休美又右省助也言君百生帥其副貳去往他邑所謂休右成事此其命辭也賓賔頌也字通儐𤔲即龍字通作寵儀禮覲禮侯氏儐使者諸公四馬儐太史亦如之此曰馬三匹井見禮有隆殺𨖍古匡字曰匡猶云曰襄也𩒛字亦見追敦彼當釋佋覲即書

之覲揚也此當釋佌定郘詩之定命也故郘以此爲頌禱之辭與畯臣天子霝終同意蘇郘曹戴伯蘇竹書紀年宣王三年曹公子蘇弑其君幽伯彊又史記曹叔世家幽伯九季弟蘇弑幽伯代立是爲戴伯戴伯元年周宣王已立三歲此曰三年其爲曹戴伯蘇無疑丁子丁亥戊子二日也德蘇一節丁亥日事蘇儐一節戊子日事蓋王命頌慶賞蘇地而頌以其事佌彝器也雲於甲子年初夏游厲泰州世好鍾桐叔攜此敦蓋相贈因憶嘉興張尗未藏有史頌敦適行篋有拓本取以相較銘文恰合特不知器之形製大小合否聞亂後此敦爲金蘭坡所得轉售於人不復

知其踪跡已巳秋親家潘季玉方伯物色得之試以此蓋相配形製大小無絲毫或爽遂舉以爲贈俾成合璧此蓋不知何時離散乃於三千季之後卒能離而復合是必有神物呵護之者因附記之

兩罍軒彝器圖釋卷六 史頌敦蓋 三十八

周仲五父敦蓋

兩罍軒彝器圖釋卷六 仲五父敦 三十九

蓋高今尺二寸三分徑六寸七分重今庫平三十三兩

非五字

仲五父作敦

口 毁

其萬年永寶用

兩罍軒彝器圖釋卷六　仲五父敦　四十

右仲五父敦蓋銘十一字舊爲劉燕庭方伯所藏載入長安獲古編中郇仲字⊠釋爲五今從之

周仲䲨敦

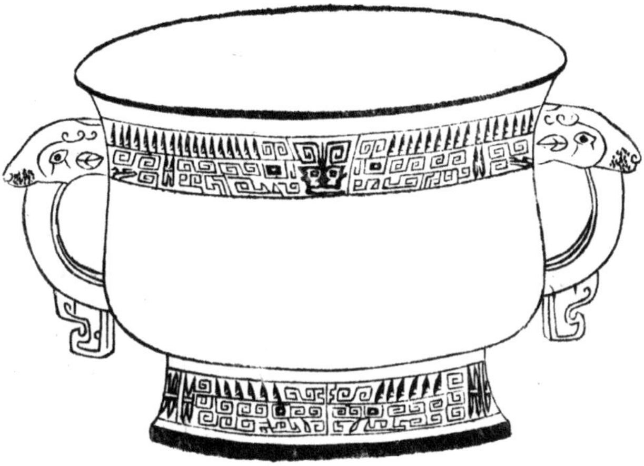

兩罍軒彝器圖釋卷六　仲𩀱敦　四十一

器高今尺四寸六分深三寸五分口徑六寸三分腹徑五寸九分圍一尺八寸五分底徑五寸重今庫平七十二兩

仲㲋父
作寶敦

兩罍軒彝器圖釋卷六 仲鳧敦 四十二

右敦銘六字舊爲嘉興張氏清儀閣所藏載積古齋彝器欵識[illegible]阮文達釋爲雝吳侃叔釋雝引晉姜鼎雝作[illegible]謂雍雝古通恐即是仲雍之器張尗未謂从鳥从几釋爲鳧字今从其說

兩罍軒彝器圖釋卷七

周夔壺

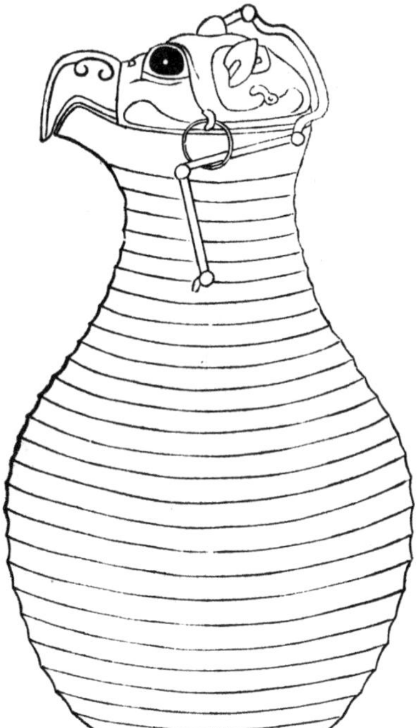

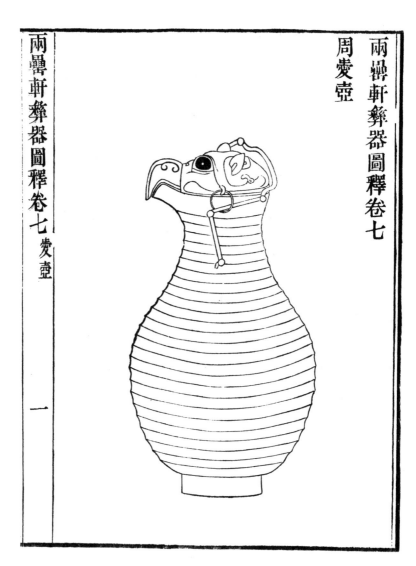

兩罍軒彝器圖釋卷七 夔壺 一

器圓有蓋獸頭鳥嘴通高今尺一尺二寸三分（合摺疊提梁至底一尺四寸五分）深九寸七分器口前後徑五寸二分左右徑三寸五分腹徑六寸八分圍二尺一寸九分底徑四寸重今庫平一百四十五兩

夔作兄日工
寶尊彝□

蓋釋同

兩罍軒彝器圖釋卷七 愛壺 二

右愛壺器蓋銘各九字按第一字㤅釋作愛或釋伲受此作器者之名無文義可繹姑定爲愛字古器銘子爲父伲則稱父孫爲祖作則稱祖弟爲兄作亦如之曰工未詳按書予齊百工孔傳工官也禮記百工咸理監工日號注百工皆理治其事工師則監之日號令之銘曰日工或當時有此官書闕有間亦未可定古器銘或稱官或稱名或稱氏無一定也此器爲李眉生方伯所贈形制奇古彝器中罕有之珍也囚字未釋陳壽卿太史述許印林瀚釋㤅字云按丮即旡既字从旡象人舉手从手既聲乃摡字此又省其皀耳集韻入未摡抚同字注云博雅取也一曰拭也

或作抚正其字矣筠清館金石錄卷三有周叔寘敦釋其銘云叔寘作旦寶尊彝舉吳子苾式芬手校寘爲宿旦爲日壬二字案古器銘日乙日庚日辛並廟主之稱日壬蓋與同例云兄日壬者弟爲兄作器也此日壬疑與彼器日壬同爲一家作彼末字作冈諸篆書皆載舉古文作内此銘末字作囙當卽其變體壽卿謂抚字姝確壬字無疑並存以俟叅攷

兩罍軒彝器圖釋卷七　壺

三

周虢季子壺

兩罍軒彝器圖釋卷七號季子壺　四

器高今尺一尺三寸三分深一尺一寸六分口徑前後三寸九分左右五寸四分腹徑前後六寸左右九寸底徑前後五寸三分左右八寸鐶徑四寸二分腹圍二尺四寸五分重今庫平三百九十二兩一錢五分

虢季
子組作
□壺子
孫=永寶
其用享

兩罍軒彝器圖釋卷七　虢季子壺　五

右銘文曰虢季子組作口壺其十九字按組古文組字佌器者名飤未識或釋爲飼字通飤博古圖有飼鼎飼者蓋飼糧也王介甫謂行食爲糧或鼎可用之於行食壺亦可用之於行食耶姑存之竢攷此器與商立戈父丁彝已贈李眉生方伯

周史僕壺蓋

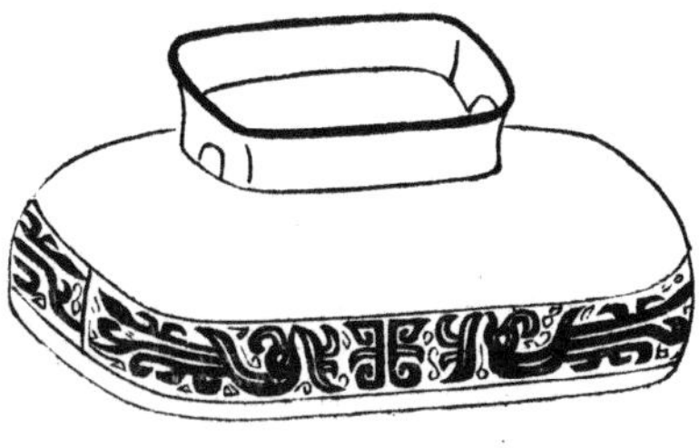

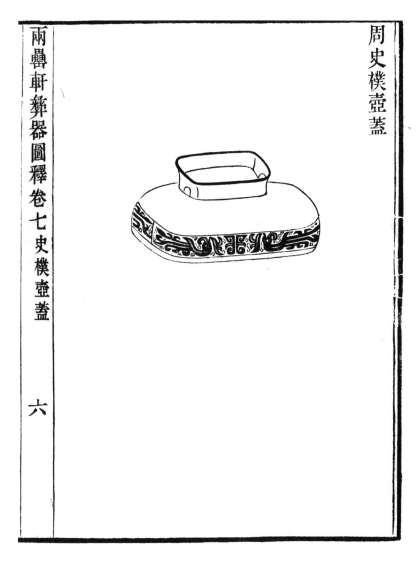

兩罍軒彝器圖釋卷七史樸壺蓋　六

蓋高今尺二寸二分前後徑三寸七分左右四寸七分重

今庫平十五兩

史僕作尊壺
僕其萬年子=
孫=永寶用享

兩罍軒彝器圖釋卷七史㸬壺蓋　七

右史㸬壺蓋銘十七字舊藏積古齋㒒釋作僕

周芮太子簠

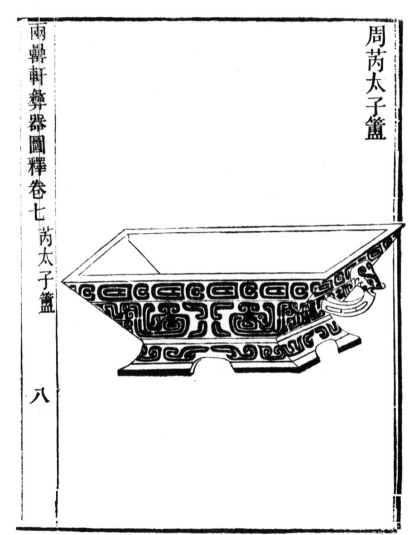

兩罍軒彝器圖釋卷七　蔿太子簠　八

器高今尺二寸八分深二寸前後徑八寸八分左右徑一尺九分重今庫平一百四十兩

兩罍軒彝器圖釋卷七　苪太子簠　九

苪太子作
簠其萬年
子=孫=永用

兩罍軒彝器圖釋卷七　芮太子簠　九

右簠銘十四字陳壽卿太史云內大子上从內內即芮釋爲芮太子芮國名與茲太子同義

周魯伯俞簠

兩罍軒彝器圖釋卷七 魯伯俞簠 十

魯伯俞父
作姬年瑚
其萬年眉
壽永寶用

兩罍軒彝器圖釋卷七　魯伯俞簠　十一

右銘文十六字與筠清館金石錄所載魯伯愈父簠同筠清館據搨本摹入⿰舟巜字校此銘⿰舟巜字下多二點釋作愈此當釋俞⿱⺈千字未詳筠清館作年茲仍其說器已殘缺輕重尺寸不載

周曼龔父簋

兩罍軒彝器圖釋卷七　曼龔父盨　十二

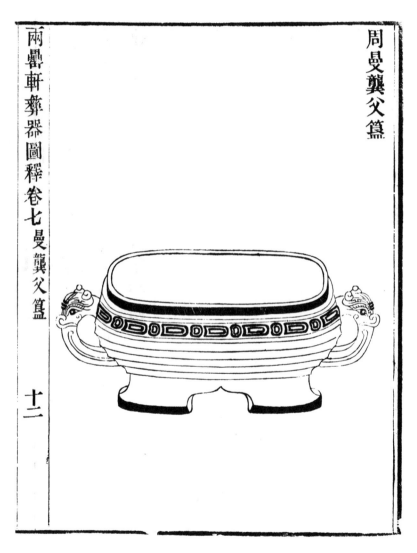

器高今尺三寸六分深二寸八分口前後徑五寸二分左右徑七寸腹圍二尺三寸八分底前後徑四寸八分左右徑六寸八分重今庫平六十一兩

兩罍軒彝器圖釋卷七 曼龔父盨 十三

曼龔父作寶
盨用享孝宗
室用匃眉壽
子=孫=永寶用

兩罍軒彝器圖釋卷七　曼龔父簋　十三

右曼龔父簋銘文二十二字舊爲曹秋舫所藏積古齋據拓本摹入左傳鄭有曼伯後爲曼姓亦作鄤龔父作器者之名也

周旅簋蓋

兩罍軒彝器圖釋卷七 旅簋蓋 十四

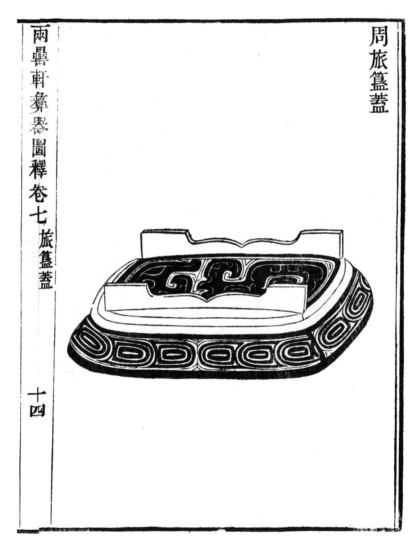

蓋高今尺二寸深一寸二分前後徑五寸六分左右徑六寸九分重今庫平三十二兩

□叔作旅簋
子=孫=永寶用

右旅簋蓋銘文十二字按𠟭或釋則說文則从刀从貝古文作𠟭亦作𠟮又作𠟯今篆形近似疑是則字此作器者之名無文義可繹姑闕疑攷

周伯春盉

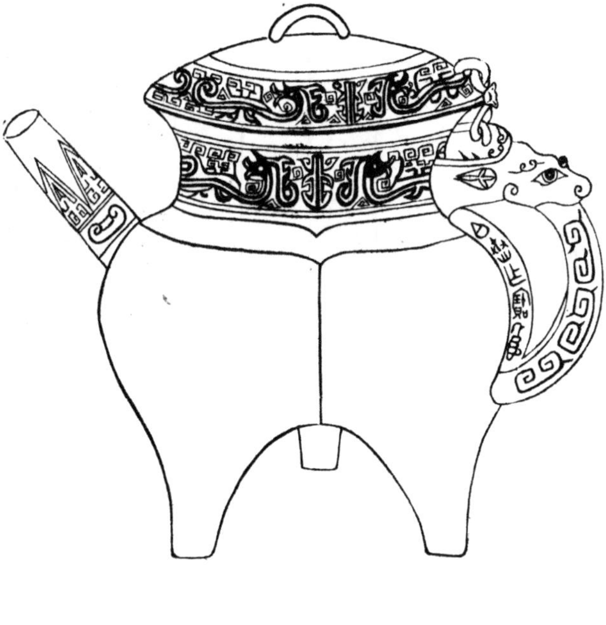

兩罍軒彝器圖釋卷七 伯春盉 十六

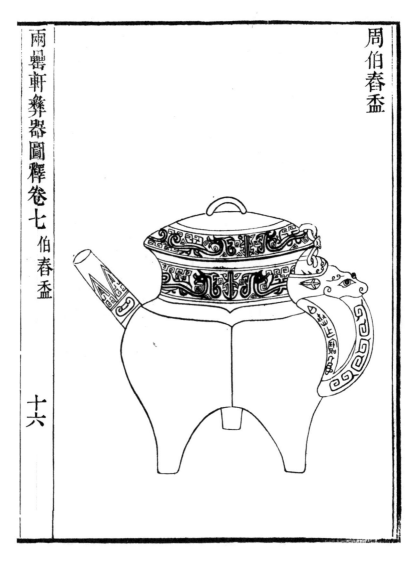

器蓋通高今尺六寸深三寸五分徑五寸腹圍一尺五寸九分三足有流有鋬重今庫平七十二兩

伯春作寶盉

兩罍軒彝器圖釋卷七　伯舂盉　十七

右伯舂盉銘五字舂家讓之疑是杵臼二字說文臼舂也段氏補作舂臼也古者掘地爲臼其後穿木石象形中象米也又杵舂杵也從木午聲舂擣粟也從[篆]持杵以臨臼杵省此從[篆]從[篆]正是持杵以臨之象或古時杵字如此雲按說文舂作[篆]此篆上[篆]下[篆]與說文[篆]字正合宗周鐘銘名字下篆作[篆]此省作[篆]即一字也舂是作器者名釋舂於義爲安

周員鬲

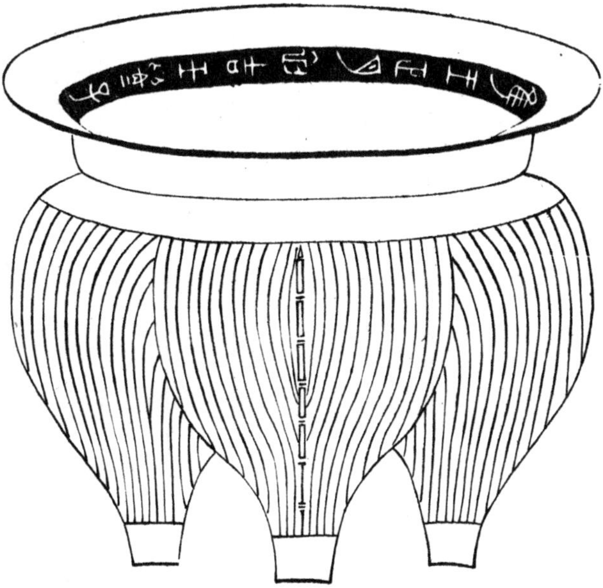

兩罍軒彝器圖釋卷七　𣪕鬲　十八

器高今尺四寸八分深三寸七分腹徑六寸二分口徑六寸重今庫平六十四兩

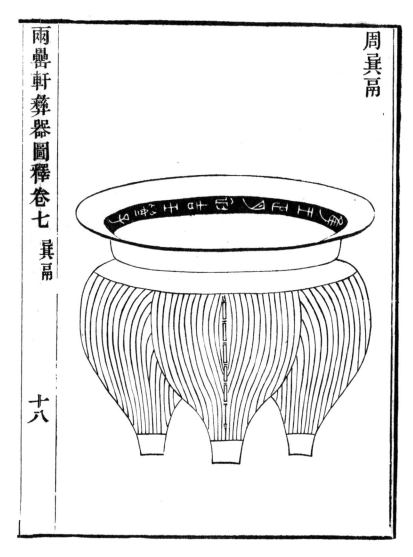

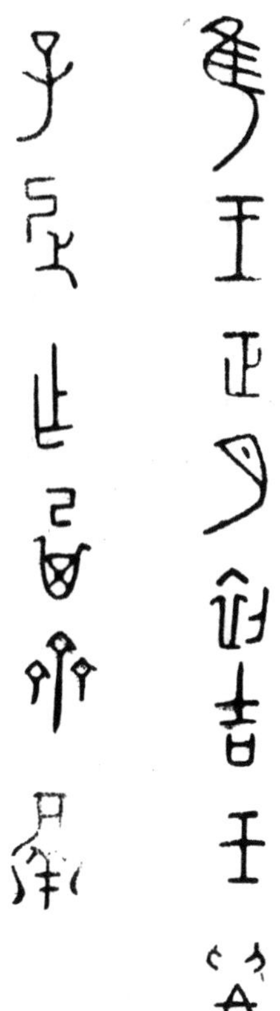

惟王正月初吉壬寅

子□作具齋鬲

銘文周器口環刻今截作兩行

兩罍軒彝器圖釋卷七　具鬲　十九

右銘文十四字□或疑不類寅字按說文寅古文作□博古圖亦有□字與此正相類說文注云正月陽氣動句去黃泉欲上出陰尚强象宀不達髕寅於下也段氏云髕寅二字誤當作濥濥此器篆從□又從土正是古文之義爲寅字無疑㠱說文長踞也從己其聲讀若杞□古文其□定爲㠱阮氏款識有㠱公匜釋云㠱古國名□作器者之名稱曰子以追享其考妣也或以爲爵非春秋僖二十三年杞子卒杜注杞入春秋稱侯絀稱伯至此夷禮貶稱子襄二十九年杞子來盟左傳杞文公來盟書曰子賤之也齊齋之省說文稷也或從次作粢禮祭統以其齊盛鄭注齊或爲粢是器

銘體篆文證以經傳皆合信爲周物惟𠀠字不可識

兩罍軒彝器圖釋卷七 㠱鬲

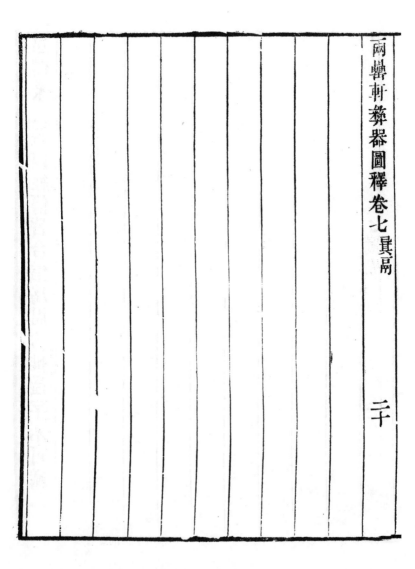

周齊侯匜

兩罍軒彝器圖釋卷七 齊侯匜 二十一

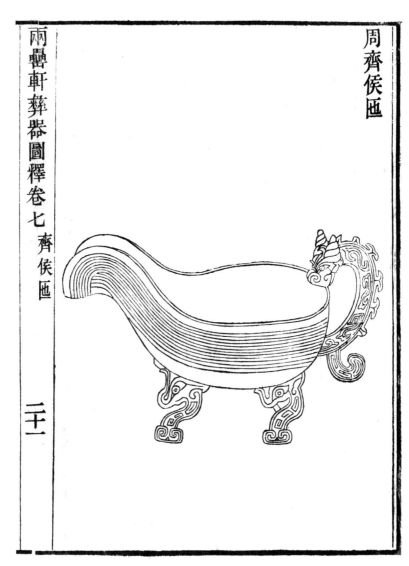

器高今尺五寸三分深三寸二分濶至流一尺二寸一分

鋬五寸八分重今庫平一百七十六兩

兩罍軒彝器圖釋卷八

周王子申盞蓋

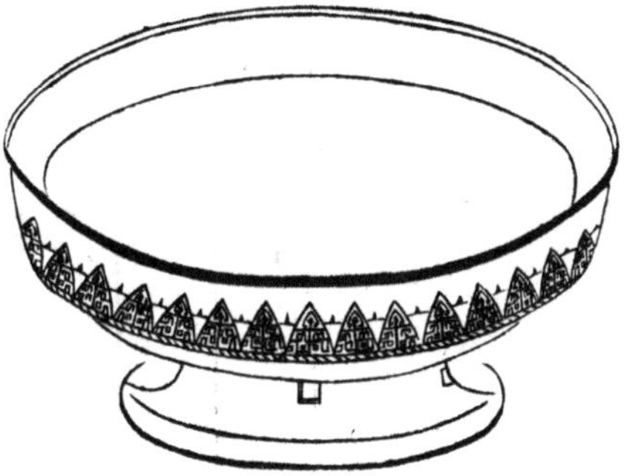

兩罍軒彝器圖釋卷八　王子申盞蓋　一

器高今尺一寸二分口徑六寸七分重今庫平二十三兩五錢

王子申作嘉嬭
盞盂其眉壽
無期永保用之

右王子申乍嘉嬭盞蓋銘十七字舊藏積古齋釋云此楚器也廣雅釋親嬭母也廣韵嬭楚人呼母也群書楚邛仲南龢鐘有此字他器無之此曰嘉嬭其爲楚器無疑楚僭號稱王公子皆稱王子楚王子名申見於左傳有二一爲共王右司馬成六年吕申息之師救蔡者一爲平王長庶子字子西遜楚國立昭王而爲令尹者此篆工秀結體較長同於楚曾侯鐘曾侯鐘楚東王器子西歷相昭王惠王此可直斷爲子西器也此器形如敦蓋銘曰盞玉篇云盞盞大盂也廣雅桉盞與敦椀同釋爲盂此卽盞字

周齊侯盤

兩罍軒彝器圖釋卷八　齊侯盤　三

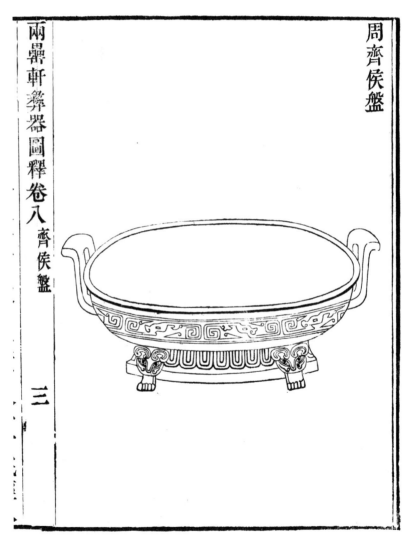

器高今尺三寸三分深一寸五分口徑一尺一寸底徑八寸重今庫平一百六十四兩

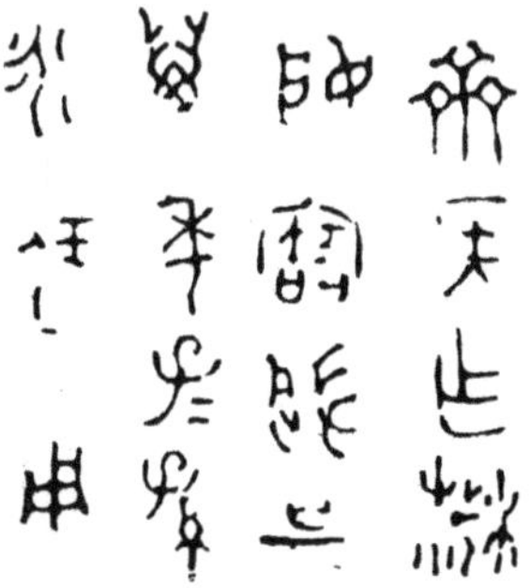

齊侯作楚
姬寶盤其
萬年子=孫=
永寶用

右齊侯盤銘文十六字款識間銅綠凹凸字多剝蝕無識者又洗剔未善磨擦致損銘中盤其寶三字皆從原器中細審得之拓本已不能辨矣按辥尙功款識載有齊侯作楚姬寶盤與此正同或卽一器也

周戣

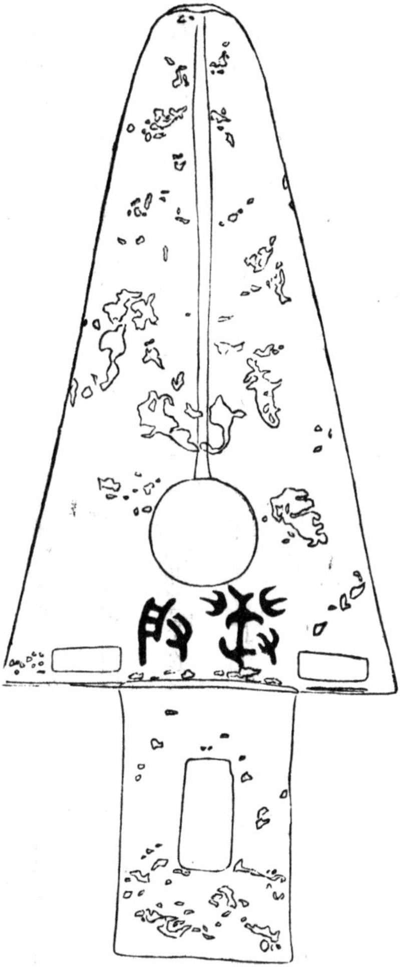

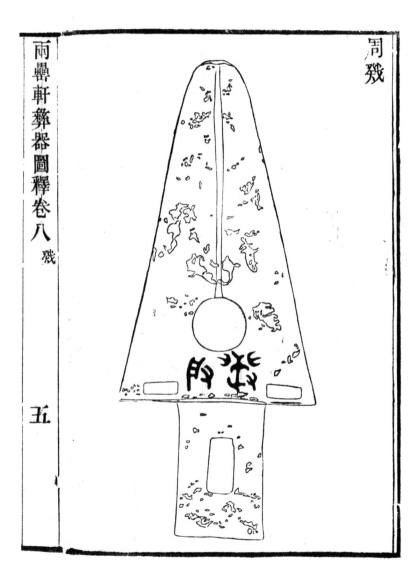

右戣形制大小如圖重今庫平六兩三分按𢧁釋戣說文𢧁周制侍臣執戣立于東垂兵也从戈癸聲渠追切今篆作癶當是𣥂省且鐘鼎文字癸字多作癸尤爲可證𠬝郎𠔏字右从又有執持之意其義甚古商周文字在許書之前應舍彼而从此也釋爲戣字自無疑義攷周書顧命一人冕執戣立于東垂一人冕執瞿立于西垂鄭曰戣瞿蓋今三鋒矛正義曰經所陳七種之兵惟戈經傳多言之攷工記有其形制其餘皆無文傳惟言惠三隅矛鋭亦矛也戣瞿皆戟屬不知何所據也古今兵器名異體殊此等形制皆不可得而知也王肅惟云惠戈劉鉞戣瞿鋭皆兵器

之名王光祿鳴盛尚書後案云鄭云劉鑱斧鉞大斧者劉鉞相對當相似戣瞿蓋亦二器相似故以爲三鋒矛也雲按先儒未見其器故皆仳臆度之詞余昔秊得同鄉嚴鐵橋孝廉可均所藏周瞿一器曾載入二百蘭亭齋金石記辛酉冬汪嵐坡茂才于申江市肆又爲余物色得此器攷其篆文定爲戣字形制正與舊藏之瞿相似自西周以來戣瞿之爲器攷工諸書所未載漢儒洎各經學家亦多未詳直至嚴孝廉可均始得於古器銘篆中辨證之已足破千古之疑今何幸復得此器一戣一瞿互爲印證昔賢所謂兩器相似者覩此確然有可徵信矣世有專經好古之

兩罍軒彝器圖釋卷八 戣 六

士當益嘆古器物之裨經史擴見聞洵非淺也般从晉姜鼎釋爲取从寅簋則釋爲服俞蔭甫太史釋爲般从舟从殳省此當是艁器者之名無文義可繹錄之以備參攷

周瞿

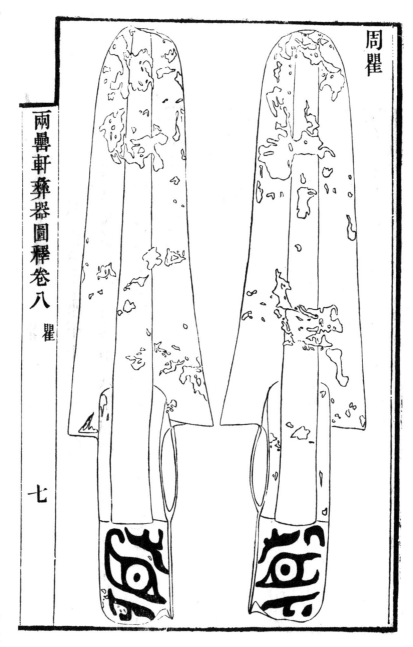

兩罍軒彝器圖釋卷八　瞿　七

右瞿形制如圖重今庫平十一兩五錢同鄉嚴鐵橋孝廉可均曰見此器於金陵肆中其柄有形又一面亦有形初以爲花紋不之貴也越季餘友人倪小迂購得之余始悟合二形是眀字顧命一人冕執瞿孔云戣屬鄭云蓋今三鋒矛蓋者疑辭鄭未嘗見瞿意爲之說耳古器物可以證經益信余按嚴鐵橋合二目釋爲瞿甚確後余又得一器審其篆文定爲戣二器互證正合前賢所謂相似而別者實可徵信無疑余所錄各器形制較大者其圖類多縮小獨此戣瞿二器凡援內之廣狹長短與銎孔之大小悉依原器繪摹不爽分毫葢欲後之人便於取證不

必以體例拘也

兩罍軒彝器圖釋卷八　瞿

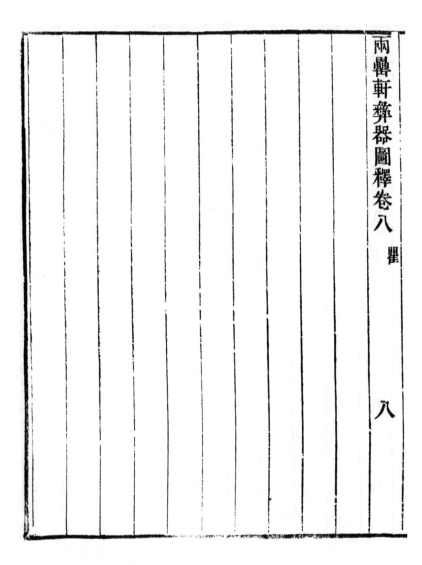

周齊良鐱

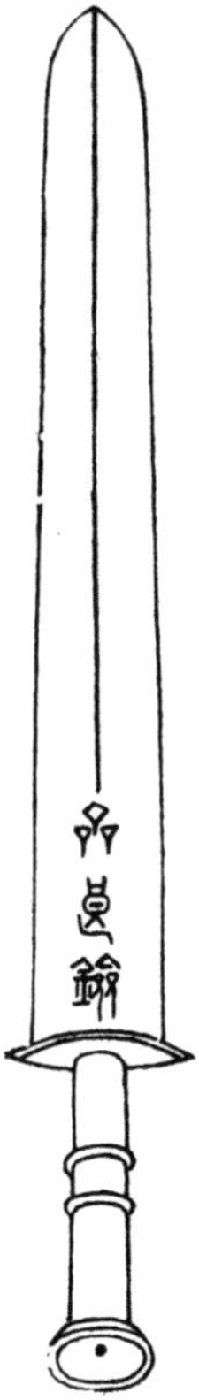

兩罍軒彝器圖釋卷八　齊良鐱　九

兩罍軒彝器圖釋卷八　齊𠳵鍦　九

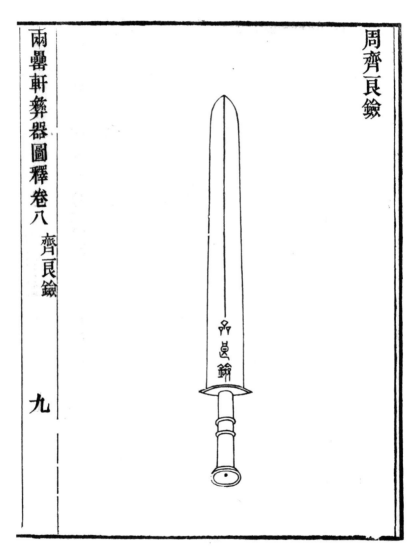

右劍臘廣今尺八分長九寸一分莖長二寸五分重今庫平九兩七錢

兩罍軒彝器圖釋卷八 齊良鍁 十

齊良鍁

兩罍軒彝器圖釋卷八 齊良鐱 十

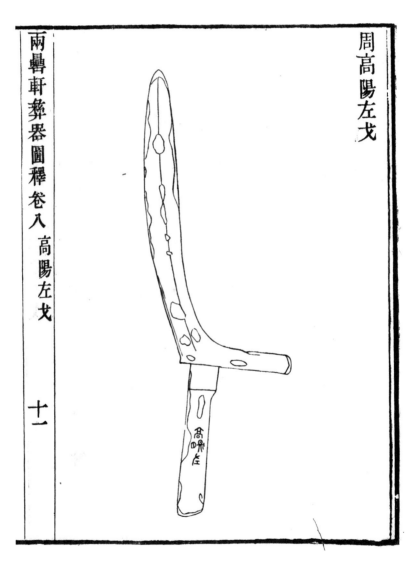

右銘文三字按管子小罪入以金鈞分宥薄罪入以半鈞美金以鑄戈劒矛戟又按周禮內府掌良兵良器以待邦之大用良美也良劒當即齊之良兵器也鐱從金與吳季子之子劒同金絲填文與積古齋所載周距末亦合

周高陽左戈

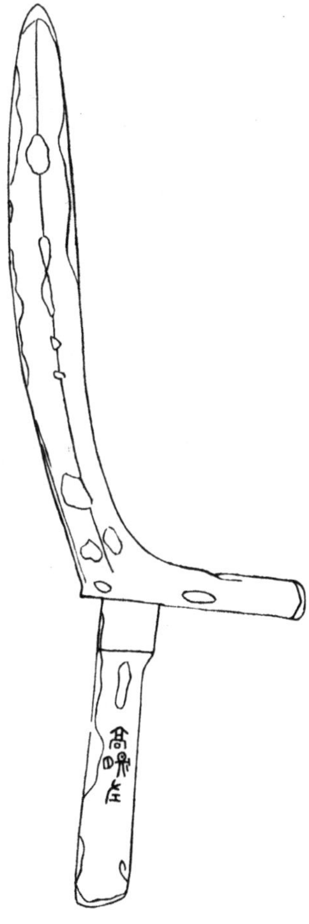

兩罍軒彝器圖釋卷八 高陽左戈 十一

器長今尺七寸三分廣七分重今庫平五兩五錢

高陽左

右高陽左戈銘三字此器向爲阮文達公所臧按陽從日旁古通用高陽作戈者之氏其言左者阮文達謂古行軍左右有局謂之上下軍亦謂之左右軍此戈爲左軍所用故以左字志之此說最爲精確且古器中有秦右軍戈則左右之分尤其明證此器不言左軍但言左者商周文簡耳

周朕作矛

兩罍軒彝器圖釋卷八 朕作矛 十三

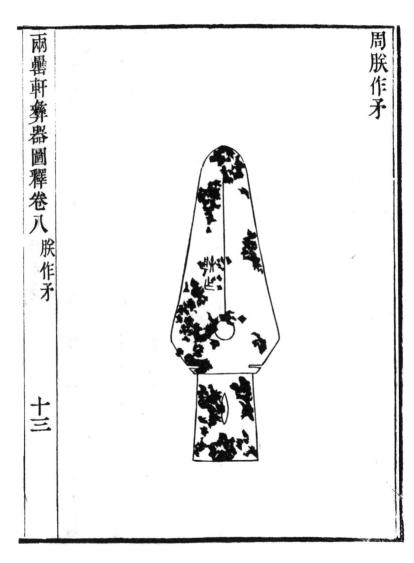

器通長今尺五寸五分闊二寸一分重今庫平八兩五錢

朕作

右朕作矛銘二字

農器

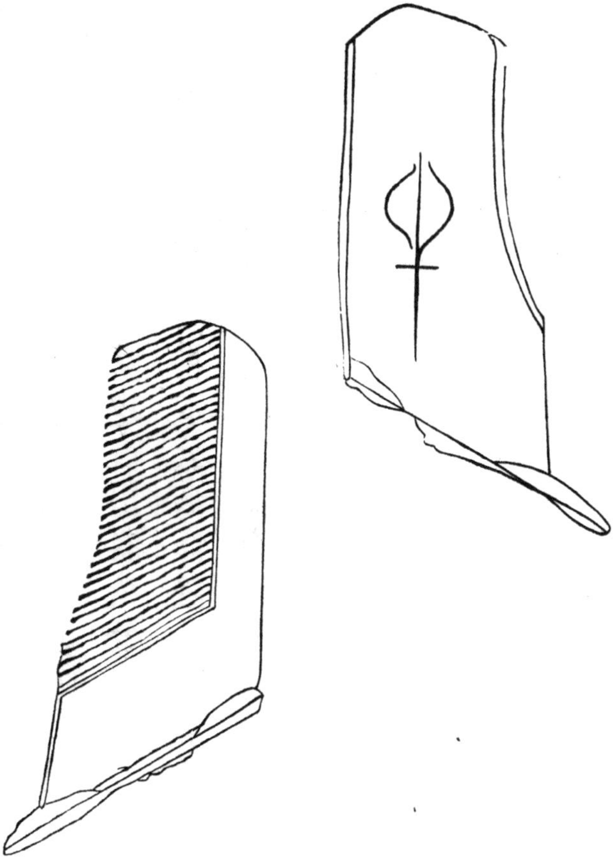

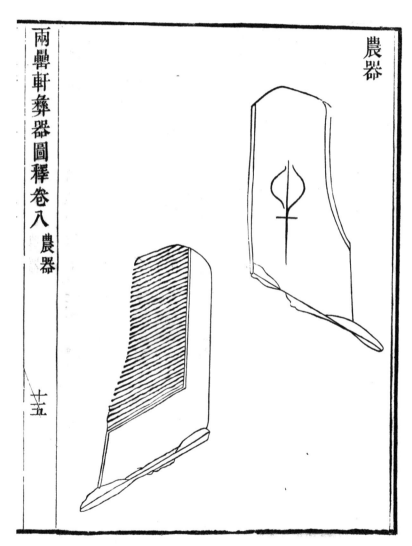

右農器廣長如圖重今庫平二兩二錢一分翁叔均所贈銘一字陽識叔均釋爲牛字當是古之農器也或曰此古時刀幣之屬余按說文錢銚也古田器从金戔聲詩曰庤乃錢鎛毛傳亦訓銚疏引世本云垂作銚宋仲子注云銚刈也然則銚爲刈器錢實同之此器有一牛字尤足爲田中刈器之證

兩罍軒彝器圖釋卷九

秦度量

筠五、卅四　徐四、三　愙廿四、十一　秦上、十三　愙一、廿六

詔丞相
灋度量
壹歉疑
明壹之

右秦度量殘字廣長篆文如圖重今庫平二兩五錢三分舊爲張尗未所藏其全文四十字載顏氏家訓歐陽集古錄董廣川書跋阮氏積古齋亦載有二器名秦量張尗未名秦度集古錄名秦度量今從之張尗未云秦始皇二世時斤權度量率鐫詔文于上其廿六年皇帝盡兼幷天下諸侯之四十字是始皇詔也其元年制詔丞相斯去疾之六十字是二世詔也此始皇時所鐫詔文之版本八行行五字今僅存四行十二字耳寰宇中秦金石刻泰山廿九字已燬今復出燼餘十字瑯邪臺存十三行八十六字施蕅堂家之量存前後兩銘今已入百鞠溪副相家然皆二

世時物則始皇時相斯眞蹟已無隻字此眞鳳毛麟角爲
人間希有之寶也又云鐫前詔者定爲始皇時器鐫後詔
者定爲二世時器其一器而具兩詔者亦定爲二世時器
蓋後詔明言壹灋度量盡始皇帝爲之皆有刻辭焉則始
皇之斤權度量刻始皇之詔斷無可疑是器篆文較施氏
量更爲典重有法自是相斯眞蹟爲千古小篆初祖矣余
往讀張氏淸儀閣筆記見其詳敘遘遇此器之緣愛護等
於頭目亂後散失歸於余齋曾攜至邗上家㩦之見之焚
香拱揖正色謂余曰欲向君借取十日手拓千百分使行
止坐卧觸處皆有此十二字則吾老年篆法必有進境其

傾倒如此亦饒有米老顛癡風致也此器與漢永始鼎皆
亾九兒承溥於亂後市肆中物色得之溥兒年僅及冠已
補博士弟子員其於金石篆刻殆有天授所作篆隸古趣
横生詩詞亦雅有宋元人風格乃天不永其年余亦悲傷
致病擱筆者多季其手蹟爲兒輩檢藏殆盡余亦不忍啟
視也今家藏彝器圖釋一書攷訂卒業哀溥兒之未及見
附記於此不自覺其老淚之盈睫也

漢永始鼎

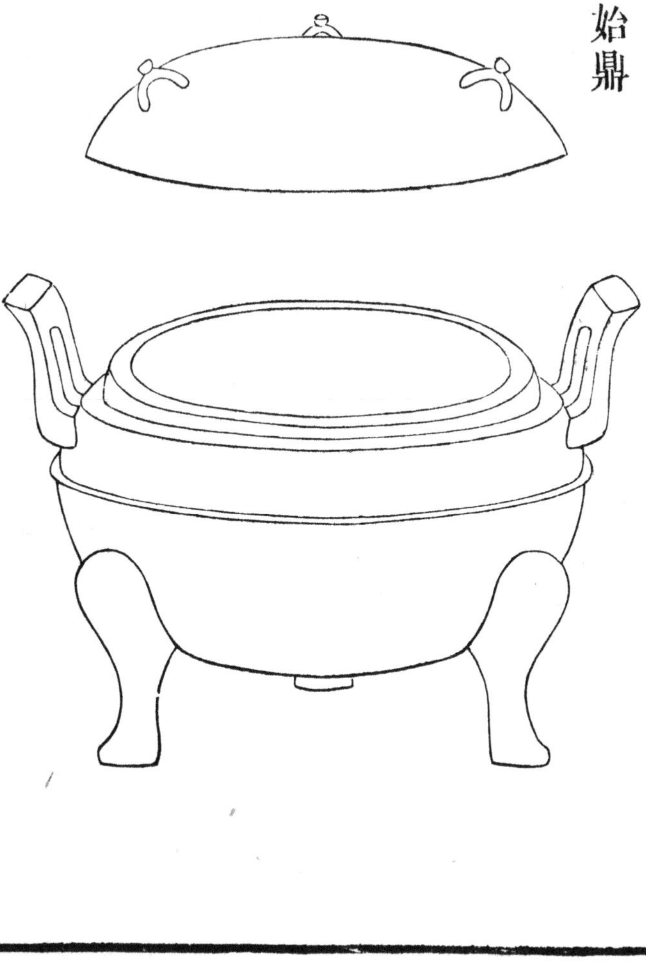

兩罍軒彝器圖釋卷九 永始鼎 三

器通高今尺五寸耳高一寸五分闊一寸二分深三寸四分口徑六寸腹圍二尺三分徑六寸六分重今庫平六十七兩

漢金文録 一・四

乘東湅銅鼎容升拜重十斤四兩永始三年考工=林造護臣博守佐臣晏嗇夫臣康掾臣開主守

右丞臣閎守令臣立省事第一

蓋釋同

乘東十湅銅鼎容升拜重十斤四兩永始三年考工=林造護臣博守佐臣晏嗇夫臣康掾臣開主守

右丞臣閎守令臣立省第一

乘東十湅銅鼎容一斗升重十斤四兩永始二年考工林造護臣博守佐臣褒嗇夫臣康掾臣開主守

右丞臣閎守令臣立省第一

兩罍軒彝器圖釋卷九 永始鼎 四

右永始二年鼎器蓋銘各四十九字按首一字釋爲乘字春秋莊十年公敗宋師于乘邱杜注乘邱魯地　大清一統志乘邱故城在今兖州府滋陽縣西北復攷兖州所屬有萊蕪縣元和志韶山在萊蕪西北二十里其山出鐵漢置鐵官至今鼓鑄不絶唐書地里志萊蕪有鐵冶十三銅冶十八銅坑四按其地里實在乘邱東北鼎銘第二字應釋爲東字乘東者蓋指産銅之所與鼓鑄之地也十湅銅鼎者十成數也十湅言鍊冶之精也博古圖載有漢綏和壺其銘有三十鍊銅壺同此義也陳壽卿太史藏有永始三年鼎寄余拓本此鼎侂於二季容一斗重十斤四兩數

第一彼鼎佌於三季容二斗重十八斤數二百八十其監造省工之臣互有同異輕重大小亦不相類一年之間爲數已如此之多流傳有攷亦畧見當日制度焉

兩罍軒彝器圖釋卷九　永始鼎　五

漢永元洗

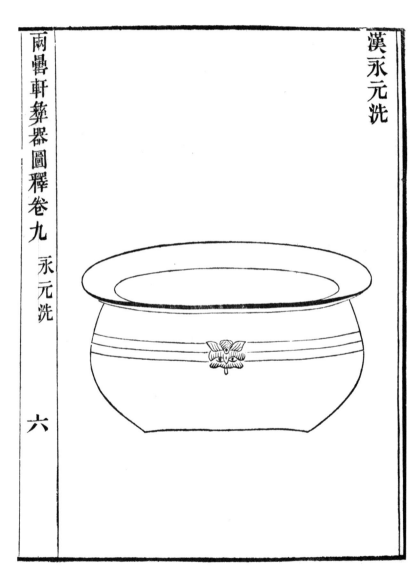

兩罍軒彝器圖釋卷九　汞元洗　六

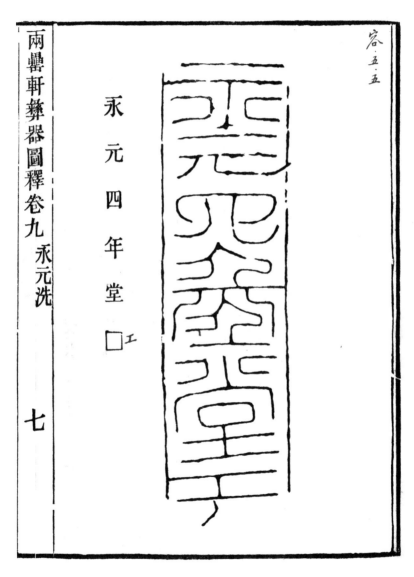

器高今尺五寸徑一尺九分圍三尺五分重今庫平六十六兩

容·五·五

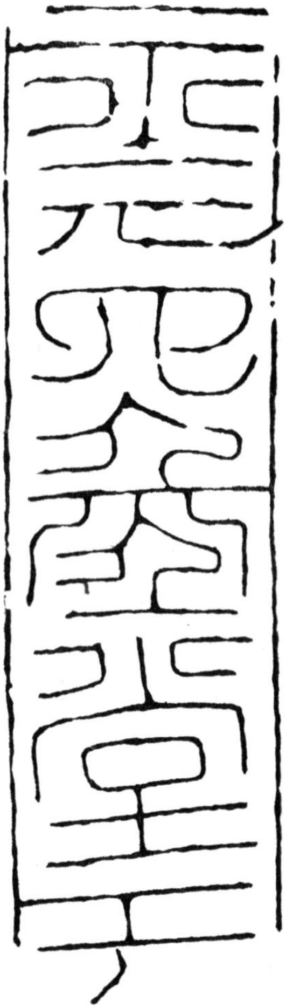

永元四年堂□工

兩罍軒彝器圖釋卷九　永元洗

七

兩罍軒彝器圖釋卷九　永元洗　七

右洗銘六字曰永元四年堂□按永元爲漢和帝季號堂乃作器者姓名末一字有剝蝕未識

漢董氏洗

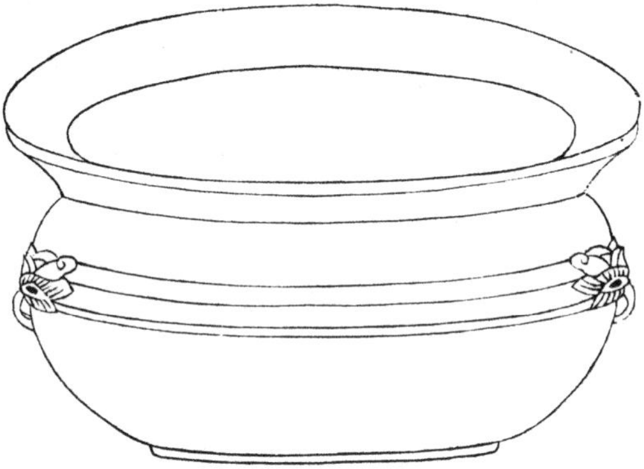

兩罍軒彝器圖釋卷九 董氏洗 八

器高今尺四寸一分深四寸口徑九寸二分腹圍二尺六寸重今庫平四十八兩

兩罍軒彝器圖釋卷九

董氏洗

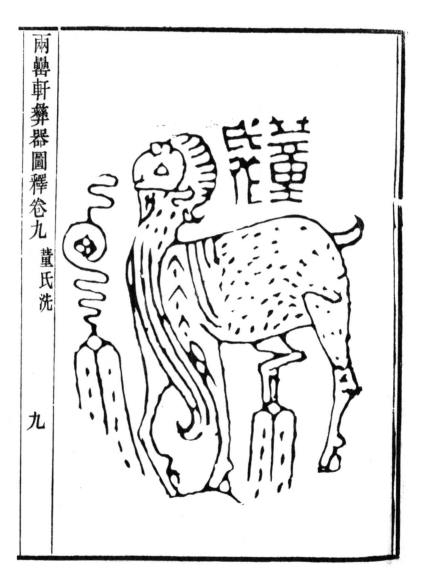

兩罍軒彝器圖釋卷九 董氏洗 九

右董氏洗爲周縵雲侍御所贈按洪氏隸續載有董氏二洗一款曰董氏□好一款曰董氏器字在左方中圖一鼎鼎上有禽洪氏謂雖無季月可攷卻非魏晉人字畫乃一人所作亦可證董姓之从童也今此洗董正从童與洪氏所載合當同爲董氏所作器也

漢黃山鐙

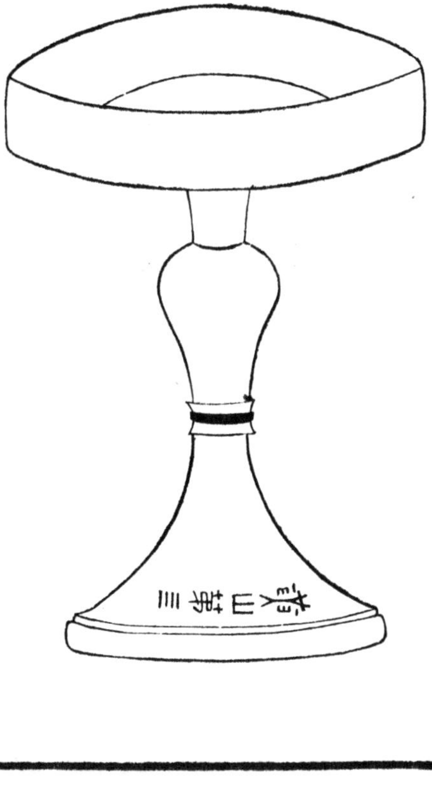

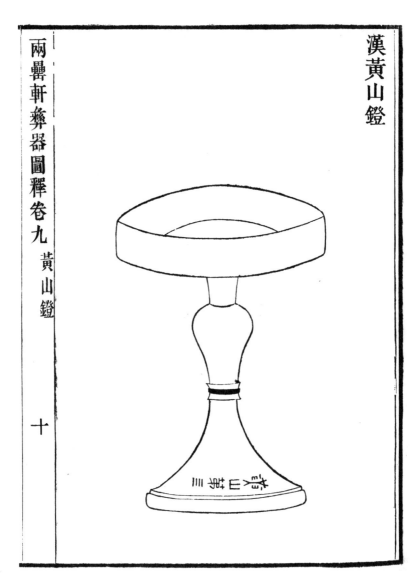

兩罍軒彝器圖釋卷九　黄山鐙　十

器高今尺四寸三分上盤徑三寸二分底徑二寸七分重

今庫平十六兩五錢

黃山第四

右黄山宫鐙舊爲張叔未所藏銘曰黄山第四按漢書地理志右扶風槐里縣有黄山宫孝惠三年起三輔黄圖卷三黄山宫在興平縣三十里水經注渭水又東北逕黄山宫南東方朔傳曰武帝微行西至黄山宫故世謂之遊城此鐙葢當季離宫之器也黄字从芡从臼四字積畫爲之張尗未云西京妙蹟古趣天成翁覃溪載入兩漢金石記阮文達公載入積古齋彝器款識翁氏評爲漢蹟第一亻乍詩詠之詩長不錄

漢銅鼓一

右銅鼓高今尺一尺八寸面徑三尺二寸三分腹圍八尺一寸五分花紋如圖重今庫平七百八十四兩按 西清古鑑云此器多謂之諸葛鼓蓋武侯渡瀘後所鑄然攷馬伏波平交趾亦鑄銅爲鼓則先諸葛已有之矣今嶺南一道廉州有銅鼓塘欽州有銅鼓村博白有銅鼓潭則因以爲地名矣大抵兩川所出爲諸葛遺製而流傳於百粵羣峒者則皆伏波爲之也余按後漢書馬援傳援好騎善别名馬於交趾得駱越銅鼓乃鑄爲馬式注裴氏廣州記曰狸獠鑄銅爲鼓鼓惟高大爲貴初成懸於庭剋晨招致同類來者盈門豪富子女以金銀爲大釵執以叩鼓叩竟留

遺主人也據此則伏波之前固已先有銅鼓矣朱竹垞作銅鼓攷而謂鑄自諸葛不知何所據也且古者制器多有銘文款識以記年月獨流傳銅鼓見之載籍及經目驗者從未聞有款字似非中朝所制裴氏廣州記所載較爲可信

兩罍軒彝器圖釋卷九　銅鼓二　十三

漢銅鼓二

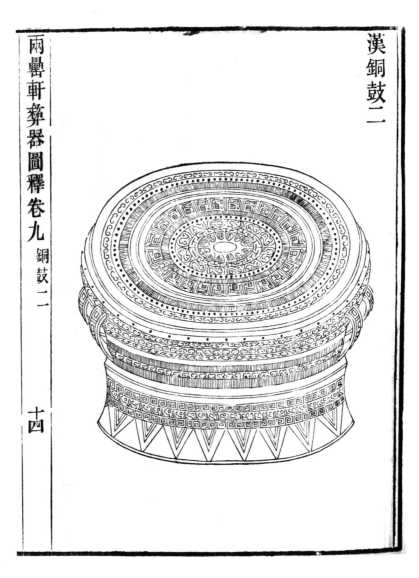

兩罍軒彝器圖釋卷九 銅鼓二 十四

右銅鼓高今尺八寸九分面徑一尺六寸腹圍四尺一寸花紋如圖重今庫平四百七十二兩攷詳前

漢錞

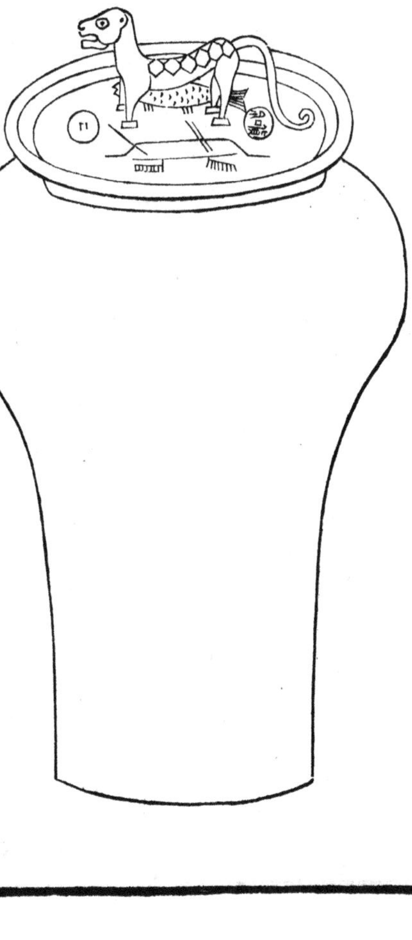

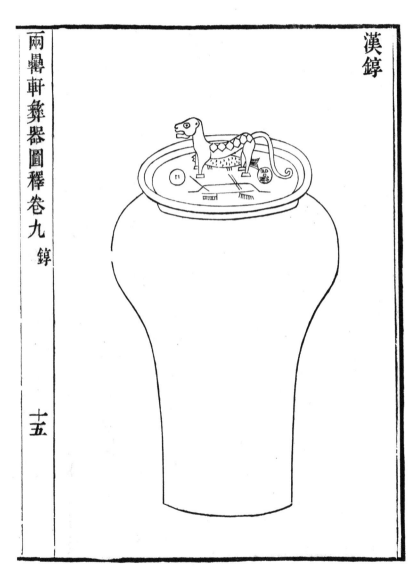

右漢錞高今尺一尺六寸上口前後徑六寸六分左右徑五寸五分腹前後徑八寸左右徑六寸八分圍二尺三寸二分下口前後徑四寸九分左右徑四寸二分重今庫平一百二十八兩面有獸鈕有貨泉並魚藻弓矢文按博古圖諸書皆繫此器於周代近日吳兎牀釐著周金錞辨張芑堂錄入金石契兎牀曰予得周虎錞面有虎鈕右一魚左一弓一戈上十字一下宜字一宜下剝落疑有闕文昔人謂錞卽錞于予別有辨周禮大司徒鼓人以金錞和鼓釋者謂虎陽獸魚陰類取陰陽和鳴之義今此右有魚而左列弓記曰諸侯賜弓矢然後得專征伐又仳立戈形皆

子孫孝享其祖考而銘其功德於斯器也上有十字蓋和鼓之錞非一此其第十錞與下有宜字宜下闕文當爲子孫字也自宋以來鐘鼎款識等書載金錞頗少惟宣和博古圖列錞一十有九然皆無銘字今此錞出後宣和六七百季而又有銘字不尤可寶哉竊疑金錞乃樂中和鼓之器而錞于軍中和鼓角之器故國語趙宣子曰戰以錞于丁甯儆其民也又黄池之會吳王親就鳴鐘鼓丁甯錞于秉鐸又云東坡志林所記能道其尺寸之詳而拙於遺詞使古器形制不可復得其彷彿甚可恨也余按兎牀所論信博辨矣然其所得之錞謂爲周器非也錞面有宜字作

宜此漢器筆法在篆隸之間決非三代文字兒狀又謂宜下當是子孫字此尤漢器中習見之詞也嘗攷前漢律歷志元始中王莽秉政欲燿名譽徵天下通知鐘律者百餘人使羲和劉歆典領條奏居攝之後改革漢家法度制禮作樂妟思復古錢法亦因之一變天鳳元季罷大小錢改作貨泉今余所藏之器面有貨泉文其爲莽時所鑄無疑援此以證兒狀所得者當同出漢代確可徵信惜余此器已付庚申劫火兒狀之鐏更無從問津爲可慨也

漢刀斗

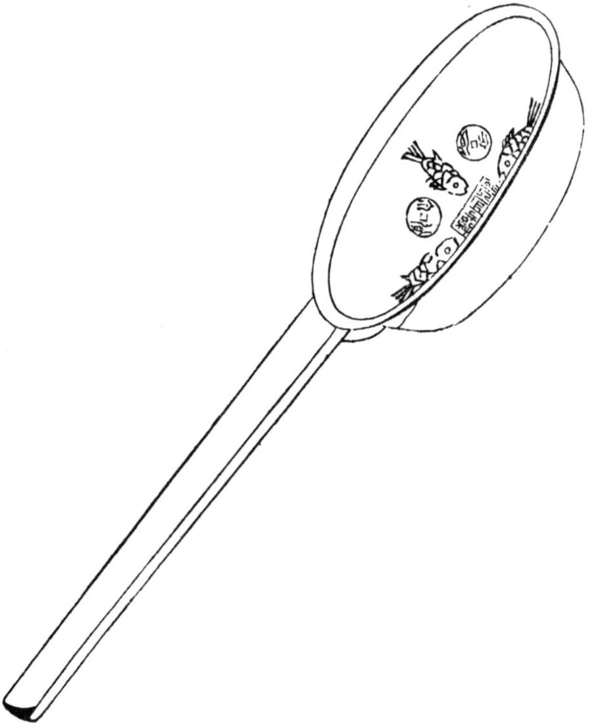

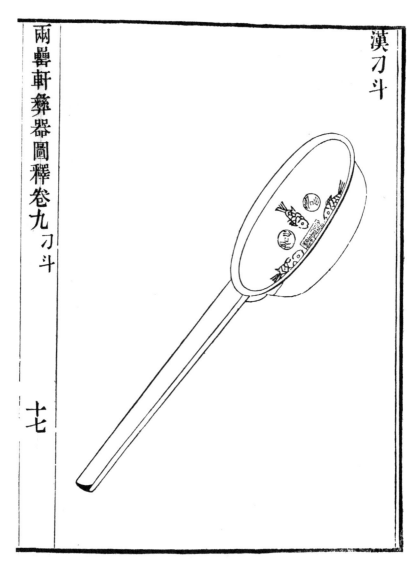

兩罍軒彝器圖釋卷九 刁斗 十七

器徑今尺四寸七分深一寸三分柄長六寸二分重今庫平二十四兩六錢七分

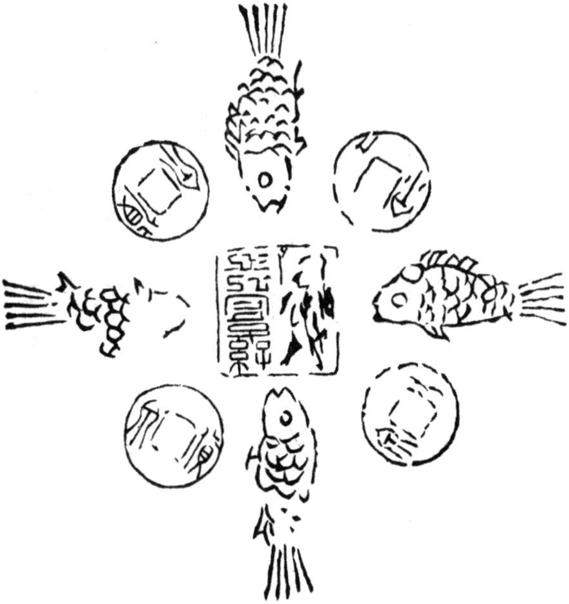

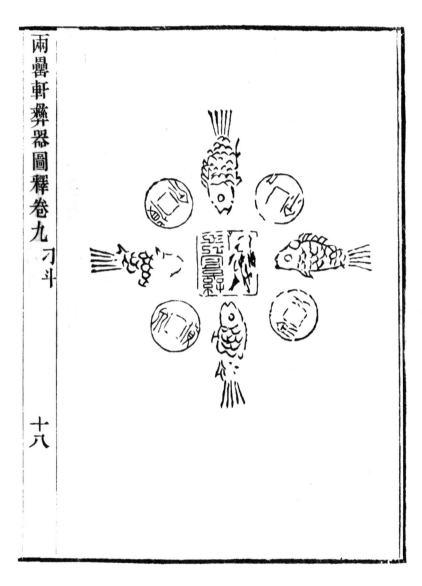

右刁斗有魚形貨泉文中有小印曰長宜子孫按趙希鵠洞天清祿集刁斗無足鐎斗有足此器無足定爲漢時刁斗金石書中所載類皆有足者此刁斗不多見也

兩罍軒彝器圖釋卷十

漢張掖太守虎符

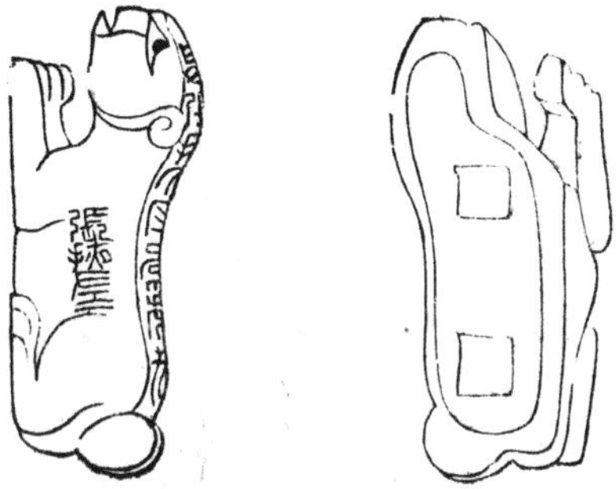

與張掖太守爲虎符

張掖左一

右張掖太守銅虎符形制大小如圖重今庫平一兩四錢七分背有文曰與張掖太守爲虎符腹有文曰張掖左一

按後漢書明帝紀注張掖郡故城在今甘州張掖縣西北元和注甘州自六國至秦戎狄月氏居焉漢初爲匈奴右地武帝置張掖郡以斷匈奴右臂百官公卿表郡守秦官掌治其郡秩二千石景帝中二年更名太守又按文帝紀二年九月初與郡守爲銅虎符應劭曰銅虎符第一至第五國家當發兵遣使者至郡合符符合乃聽受之師古曰與郡守爲符者謂各分其半右留京師左以與之今文曰張掖左一左卽左以與之也一者自一至五之數也曰太

守則知爲景帝中二年以後所頒也此符字皆錯銀制作古樸青綠蒼潤欲滴眞漢器中之至精者其中作二方凹孔所以受右符之筍也

兩罍軒彝器圖釋卷十　張掖太守虎符　二

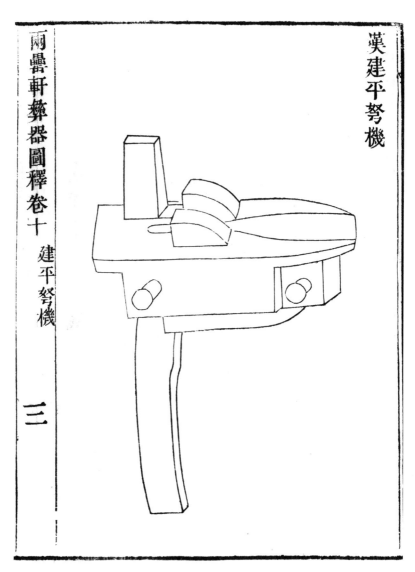

漢建平弩機

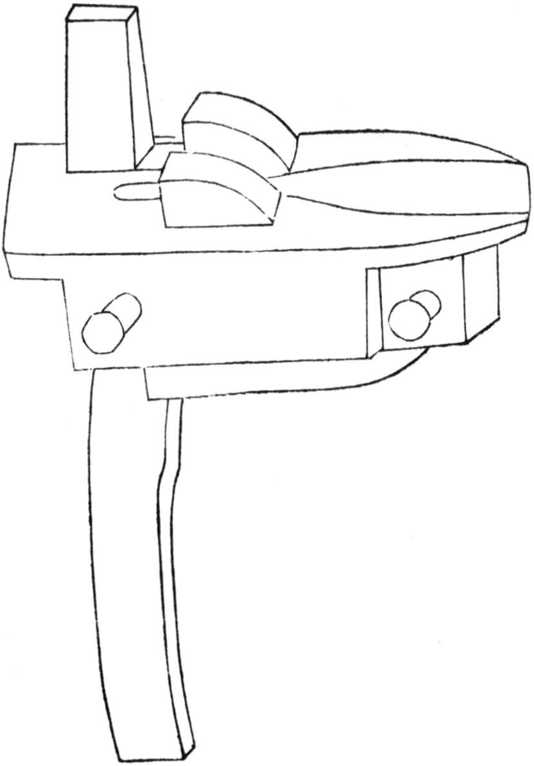

廣長如圖重今庫平十三兩一錢

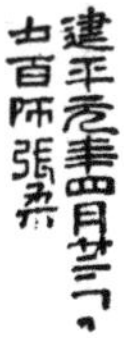

建平元年四月□□□□

□百師張柔

右建平弩機文曰建平元年四月□□□□□百師張柔

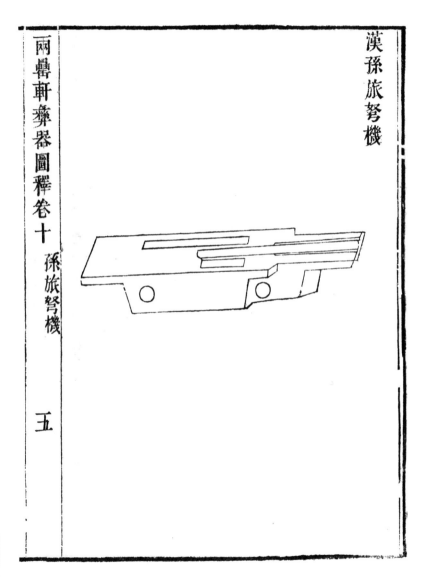

按建平爲漢哀帝年號張柔工師姓名也

漢孫旅弩機

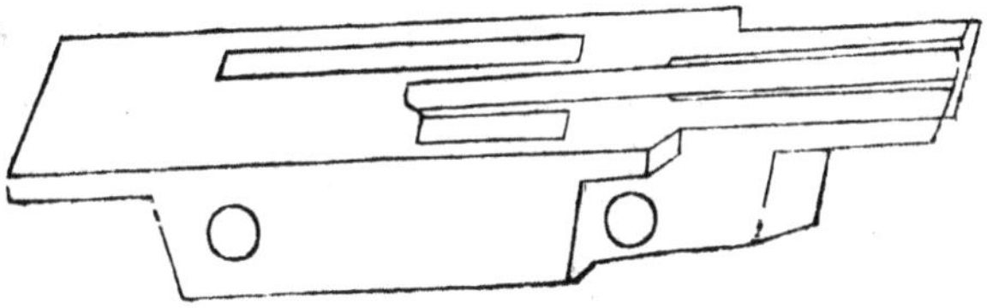

兩罍軒彝器圖釋卷十　孫旅弩機　五

器長今尺五寸八分闊一寸二分重今庫平十三兩

孫旅都尉解贊

孫旅都尉解贊

兩罍軒彝器圖釋卷十　孫旅弩機　六

右弩機郭銘六字曰孫旅都尉解贊牙臂俱闕舊爲張未未所藏釋之曰後漢百官志五其屬國都尉屬國分郡離遠縣置之如郡差小置本郡名世祖幷省郡縣四百餘所後世稍增之又云每屬國置都尉一人比二千石此孫旅都尉當是屬國之官解贊用器之人也

漢大泉五十笵一

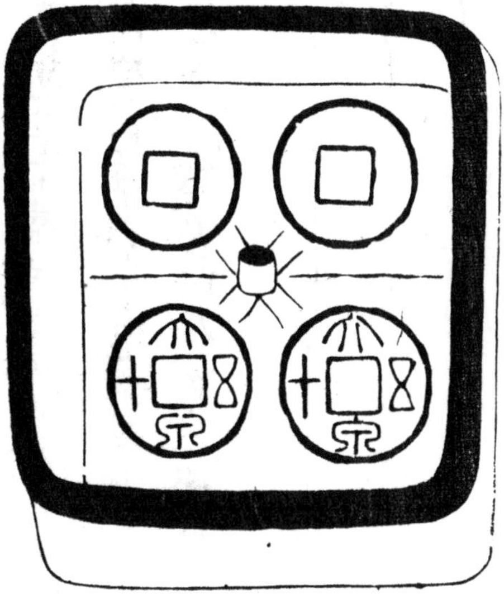

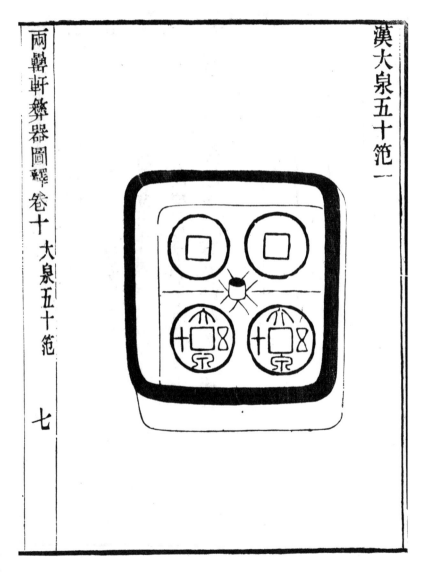

右大泉五十笵形制大小如圖重今庫平十二兩列錢四枚二面二漫背亦無文按漢書食貨志王莽居攝變漢制更造大泉文曰大泉五十蓋自武帝鑄五銖錢後閱宣元成哀平五世無所變更至莽始變漢法也此笵陽文正字峻邊不能鑄錢或謂之錢式爲小洗之屬亦似近理

漢大泉五十范二

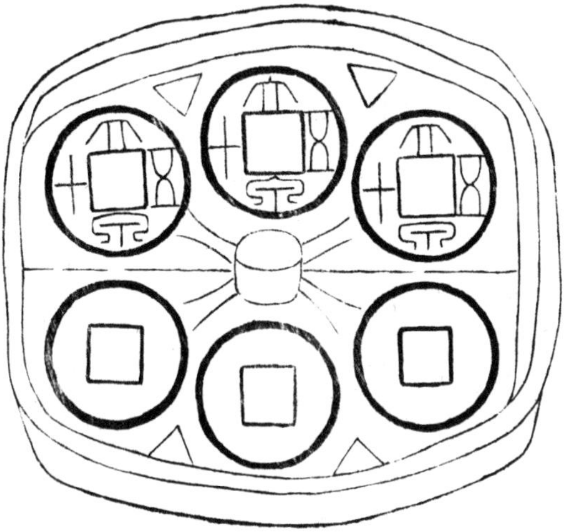

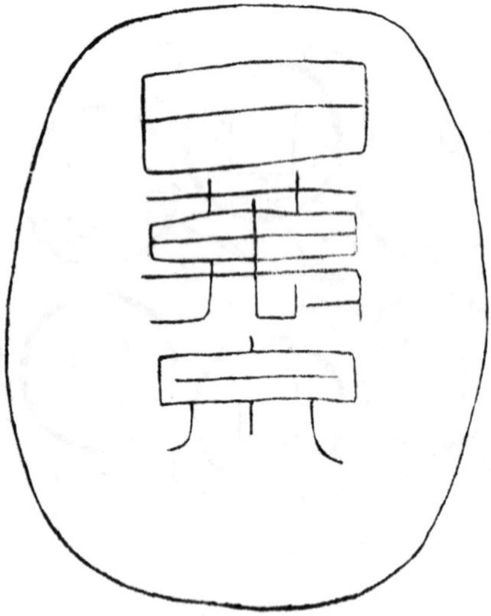

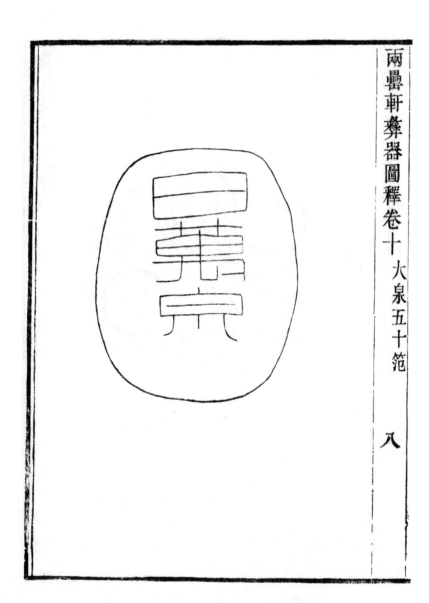

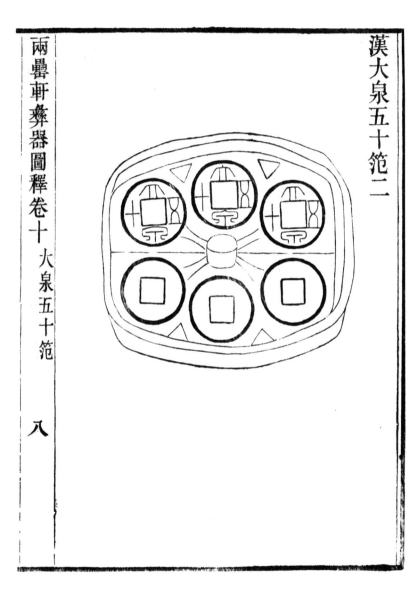

兩罍軒彝器圖釋卷十　大泉五十笵　八

右大泉五十笵形制大小如圖重今庫平十兩背有日萬泉三篆字舊爲張未未所藏云於嘉慶癸亥夏日得自戴松門兊會新莽大泉笵流傳尚多惟有背文者甚少此日萬泉三字瘦勁可愛蓋漢器中之至精妙者張芑堂摹入金石契翁宜泉比部嘆爲泉笵中極品也

兩罍軒彝器圖釋卷十 大泉五十笵 九

漢貨泉范

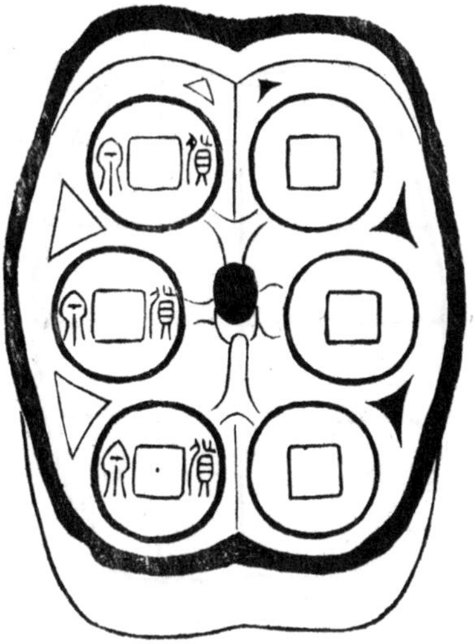

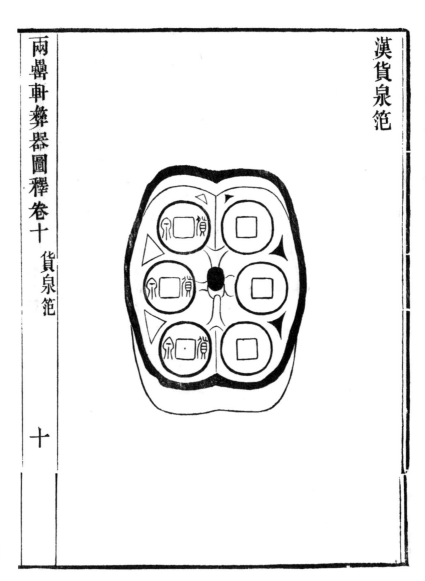

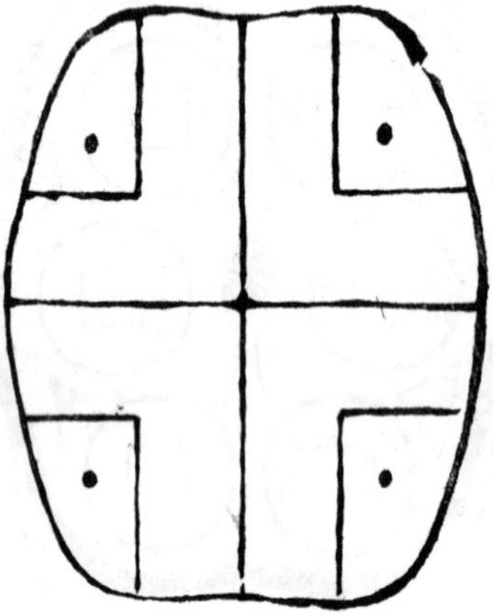

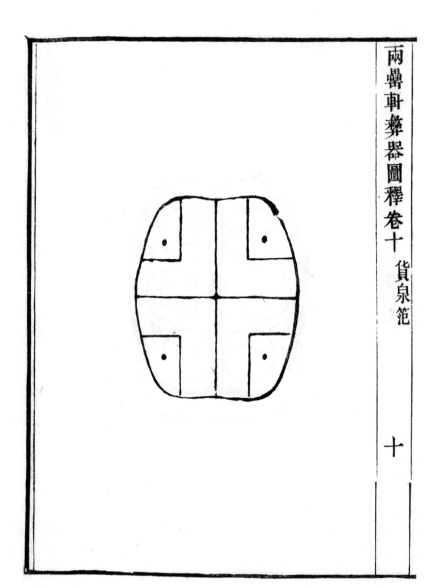

右貨泉笵形制大小如圖重今庫平九兩五錢江鄭堂藩舊有一器張芑堂摹入金石契云漢唐人泉字篆法直筆不連如九成宮醴泉銘碑額泉字亦然今說文刊本卻作連筆据此可證說文傳寫之失此笵與大泉五十笵背有三篆字者其泉字中直俱斷正與鄭堂所藏者合

兩罍軒彝器圖釋卷十 貨泉笵 十一

漢絜刀泉范

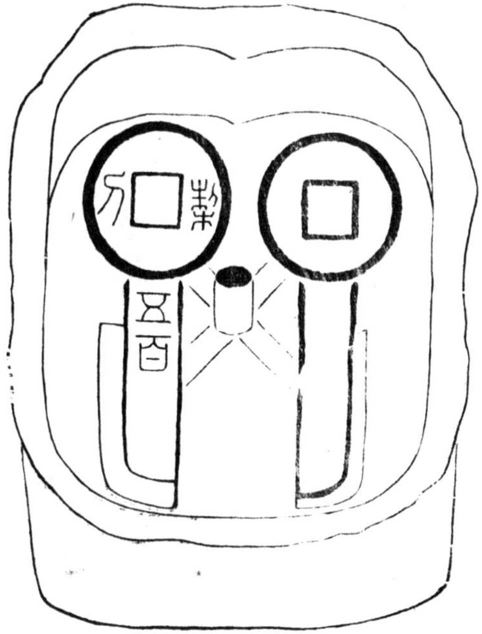

兩罍軒彝器圖釋卷十　絜刀泉笵　十二

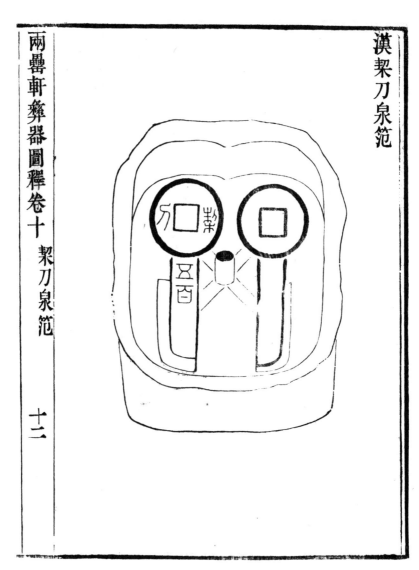

右契刀泉笵形制大小如圖重今庫平二十二兩文曰契刀五百篆法極爲精勁亦係張尗未所藏按漢書食貨志莽造契刀其環如大泉身形如刀長二寸文曰契刀五百絜卽契字說文絜刻也从㓞从木苦計切泉文从木與說文正合

漢大布黃千泉笵

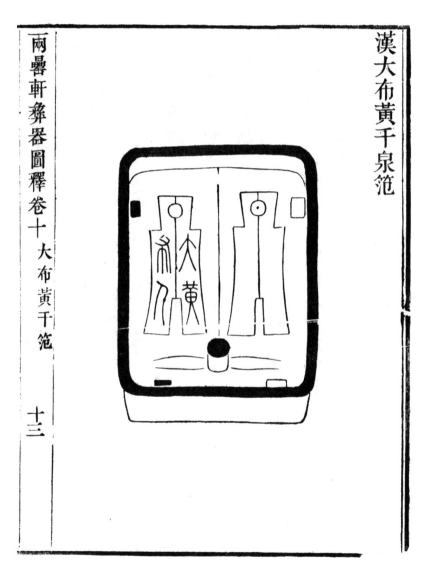

右泉笵形製大小如圖重今庫平十兩三錢舊爲嘉興金硯雲忠醕所藏列布一面一漫篆文曰大布黃千張芑堂燕昌載入金石契洪氏泉志引舊譜作大黃布刀張台謂莽自言黃虞之後又改平帝定安太后爲黃室主大黃莽之自稱也意者莽之初謂刀布一物後分爲二耶趙彥衞雲麓漫鈔新莽大黃布刀文譜家皆云布刀細觀篆文中有一點卽千字也況布與刀二物不可得兼曰千者當千之用也張氏泉寶錄云此布之文乃是大布黃千旁行讀之文義自顯漢書所云莽布十品大布價值千錢意謂是歟翁氏兩漢金石記引丁傳云洪氏泉志所載大黃布刀

沿誤已久今以漢書食貨志及新莽所鑄諸布覈之當作大布黃千蓋大布其直當千也黃卽横字古横衡二字通詳禮經鄭康成註毛詩箋諸書横者平也梨刀平五百之類也横作黃者猶黌舍卽横舍黌颳卽黃颳黃乃横省可據又横本讀黃古韵庚陽互通也自泉志至今皆以新莽自謂黃帝後裔遂順讀篆文曰大黃如大漢大唐等稱誤矣此是布非刀也方氏云此布文自應讀作大布黃千至於黃與横通之義則存以俟攷雲按瞿氏中溶續泉志引禮記緇衣狐裘黃黃陸德明經典釋文云黃徐本作横音黃此黃與横通之證也

兩罍軒彝器圖釋卷十 大布黄千笵

漢陰文五銖泉范一

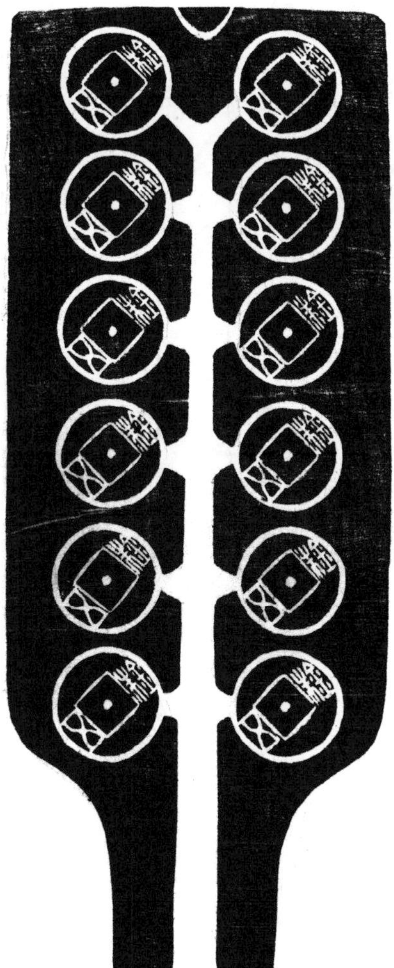

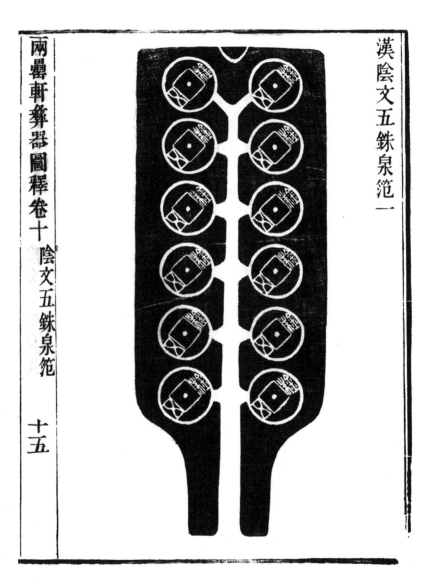

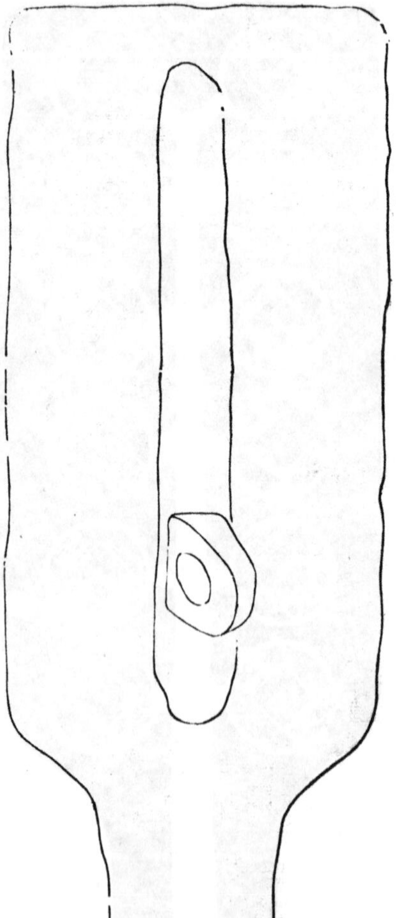

兩罍軒彝器圖釋卷十 陰文五銖泉笵 十五

右五銖泉笵長今尺八寸上闊三寸下闊一寸八分厚二分重今庫平二十八兩列泉十二枚陰文反字有凹道支流可以入銅液鑄泉爲陽文每穿孔中有細眼所以納尖釘背平無文高起一鼻有穿孔可以貫索約之使兩片不游移耳此眞泉笵也

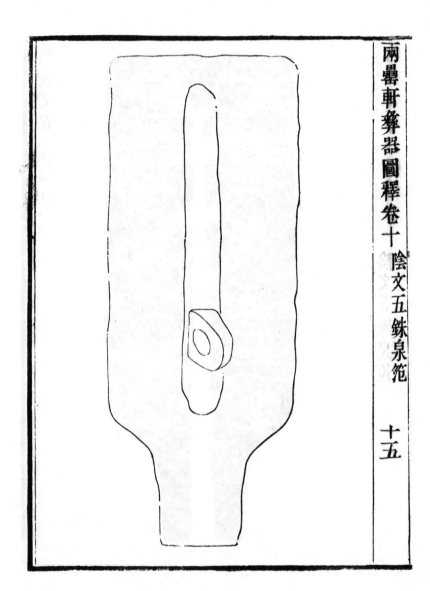

兩罍軒彝器圖釋卷十 陰文五銖泉笵 十六

漢陰文五銖泉范二

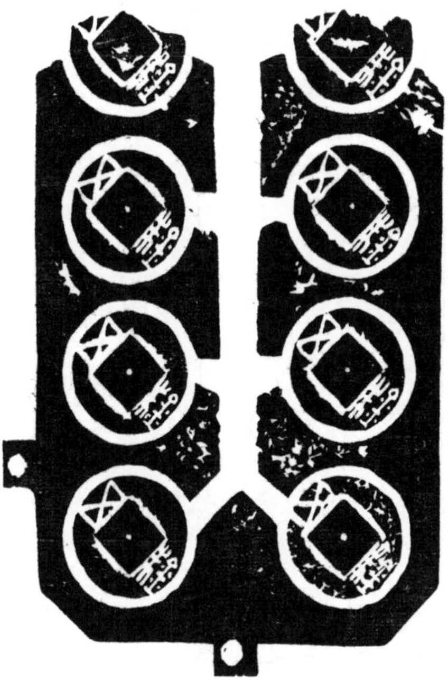

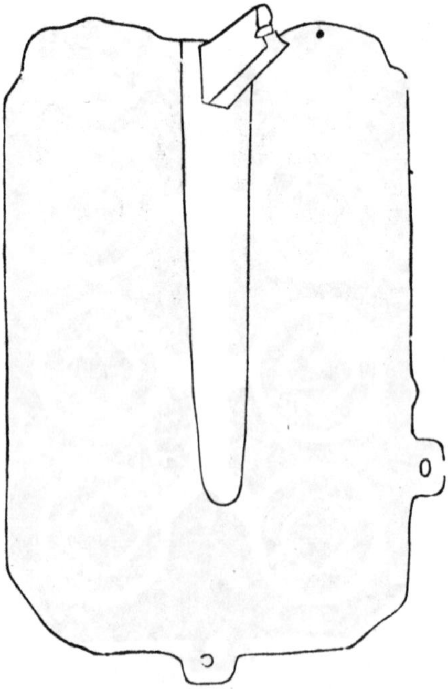

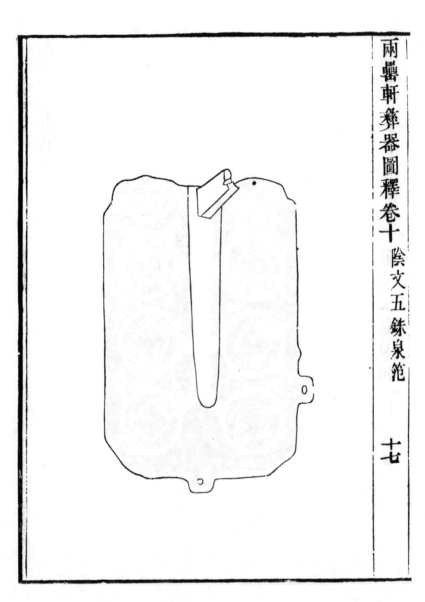

兩罍軒彝器圖釋卷十 陰文五銖泉笵 十七

右五銖泉范廣長如圖重今庫平九兩五錢列五銖泉八枚上斷其半與前一范皆陰文反字有凹道支流背與邊均有穿孔可以貫索約之

兩罍軒彝器圖釋卷十陰文五銖泉笵　十八

漢陽文五銖泉笵一

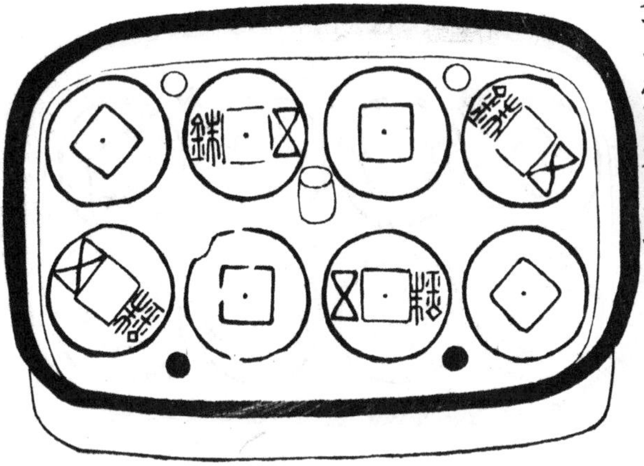

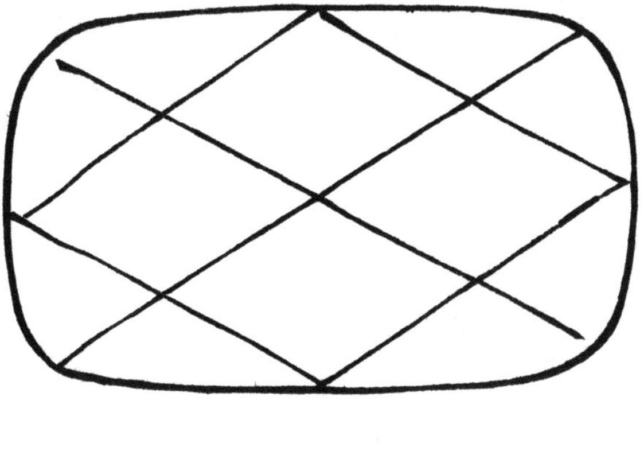

漢陽文五銖泉笵二

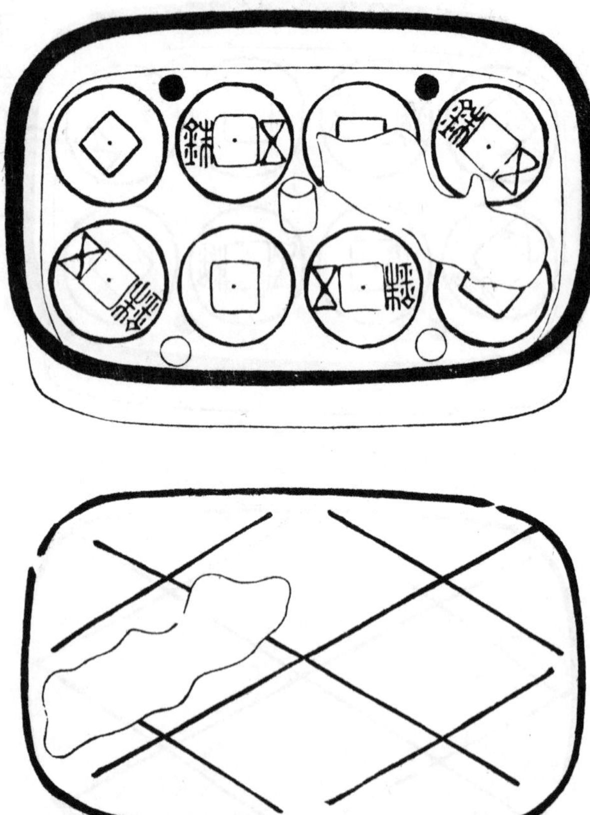

漢陽文五銖泉范三

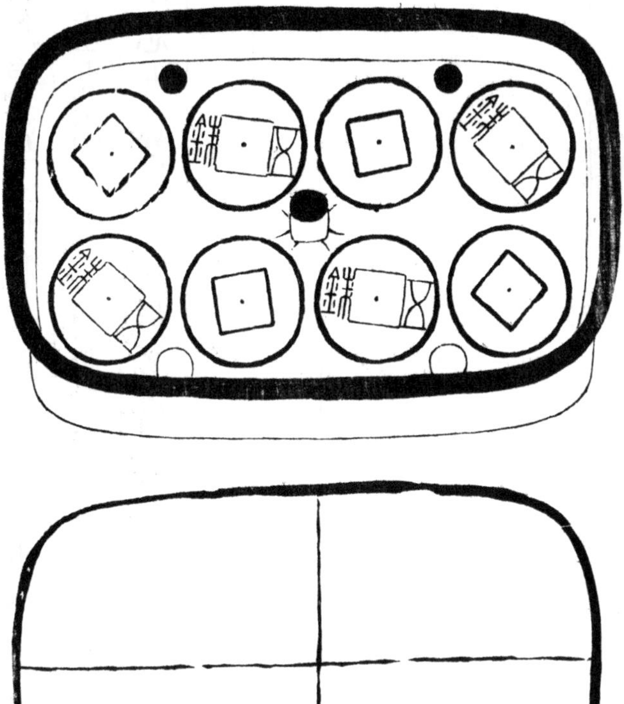

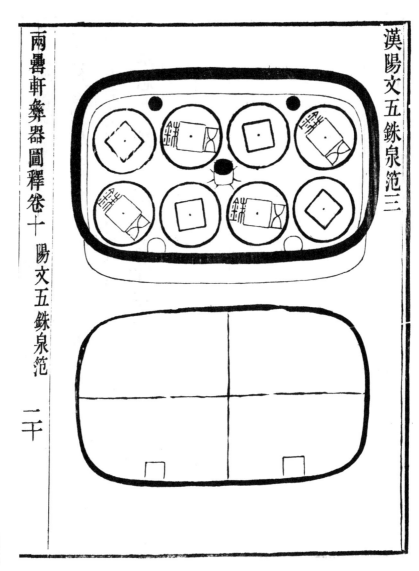

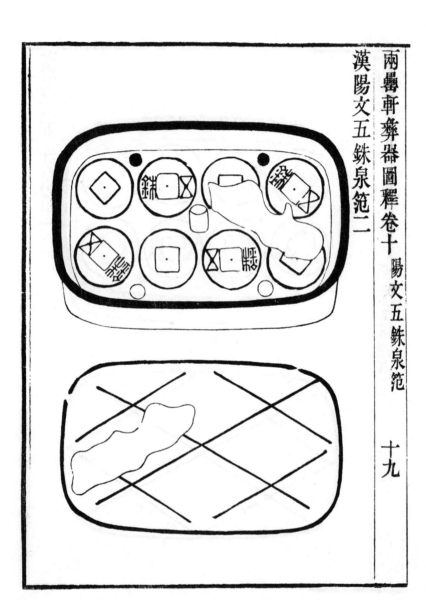

兩罍軒彝器圖釋卷十　陽文五銖泉笵　二十

右五銖泉笵三形制大小如圖一重今庫平六兩一重五兩一重九兩五錢各列陽文五銖泉八枚四面四漫按洪氏泉志五銖泉品數最多自漢至隋代有鑄行不能備紀

兩罍軒彝器圖釋卷十一

漢大司馬鉤

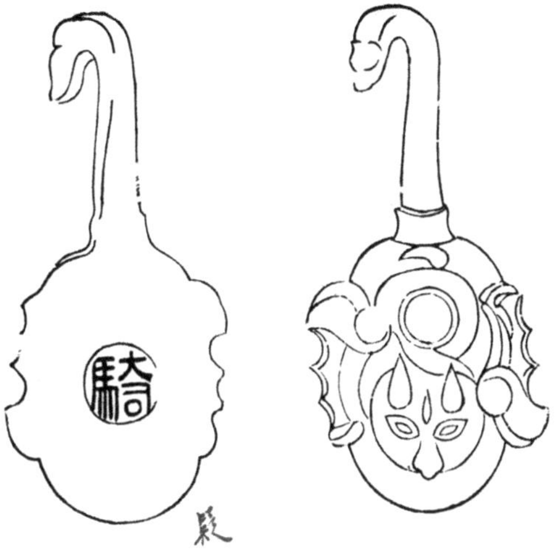

大司馬

兩罍軒彝器圖釋卷十一　大司馬鉤　一

右大司馬鉤形制大小如圖重今庫平一兩五錢按漢書武帝元狩四季初置大司馬以冠將軍之號以衞青爲大司馬大將軍見百官表此後傳志亦屢見也

漢虎賁鉤

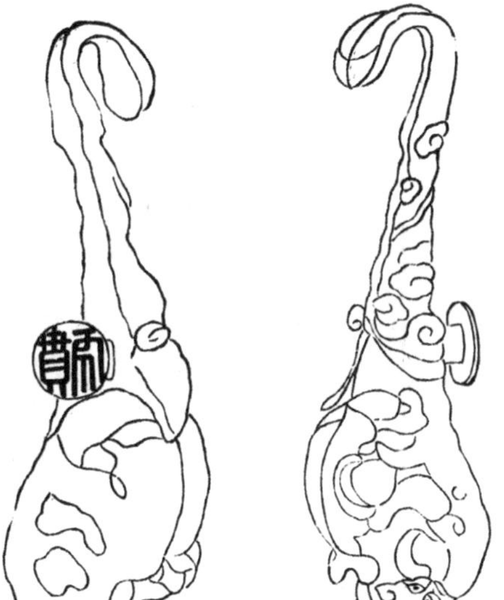

虎賁

兩罍軒彝器圖釋卷十一 虎賁鉤 二

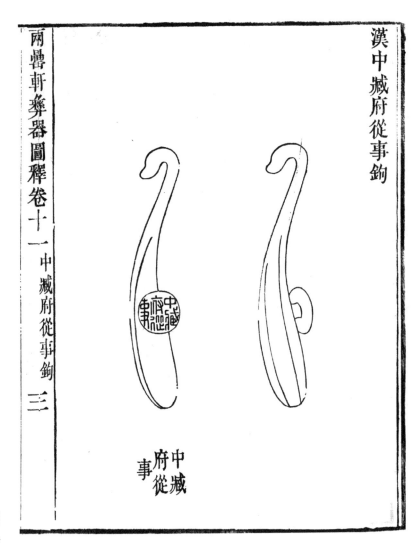

右虎賁鉤形制大小如圖重今庫平二兩一錢五分按續漢書百官志虎賁中郎將比二千石注曰主虎賁宿衛蔡質漢儀曰主虎賁千五百人無常員多至千人戴鶡冠次右將府顔師古曰賁讀與奔同言如猛獸之奔也王莽以古有勇士孟賁故名焉

漢中臧府從事鉤

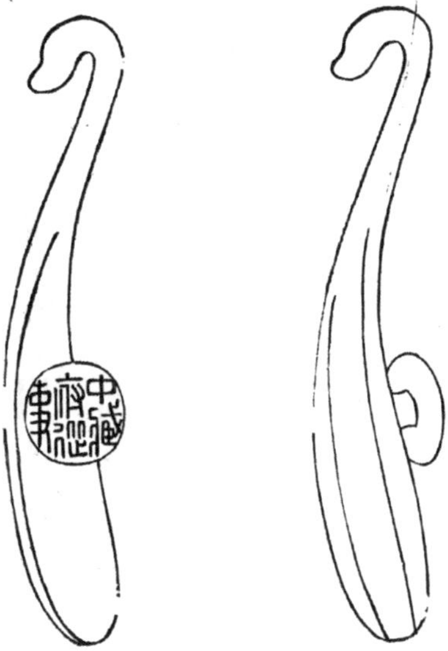

中臧府從事

右中臧府從事鉤形制大小如圖重今庫平一兩六錢五分按續漢書百官志中藏府令一人六百石本注曰掌中幣帛金銀諸貨物又郡國志諸州皆有從事史假佐本注曰其員職畧與司隸同中興但因計吏皆有從事史假佐鉤文曰中臧府從事則當日中藏府固亦有從事也可以補傳志之闕漢碑藏皆作臧後世以臧字訓善藏爲收藏遂截然分爲兩字今鉤文作臧正與漢碑合

漢軍曲鉤一

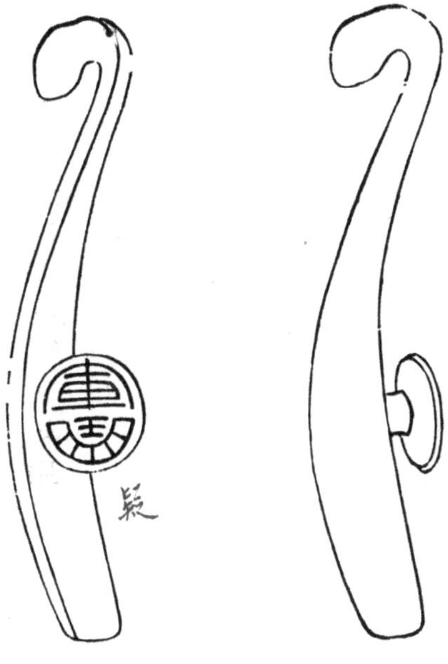

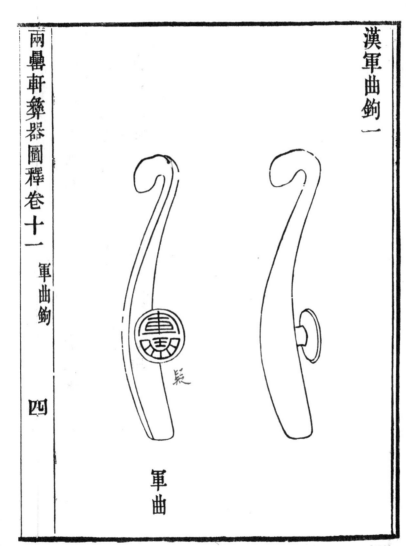

軍曲

右軍曲鉤形制大小如圖重今庫平二兩四錢二分按續漢書百官志大將軍營五部部下有曲曲有軍候一人比六百石鉤銘軍曲當是軍曲候之鉤也

漢軍曲鉤二

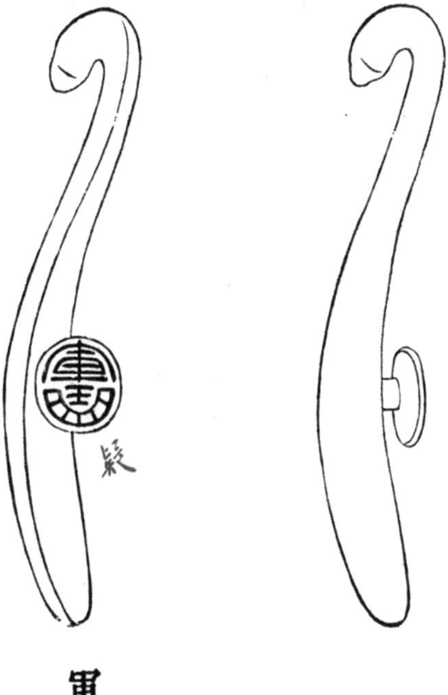

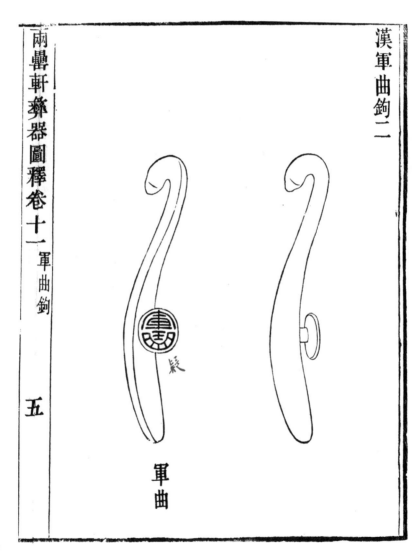

軍曲

兩罍軒彝器圖釋卷十一 軍曲鉤 五

右軍曲鉤形制大小如圖重今庫平二兩五分軍曲二字較前一鉤差小蓋同時所鑄也

漢上衛鉤

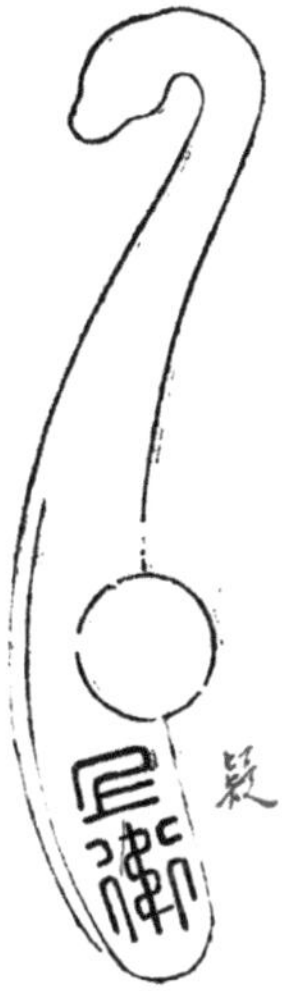

上衛

兩罍軒彝器圖釋卷十一　上衛鈎　六

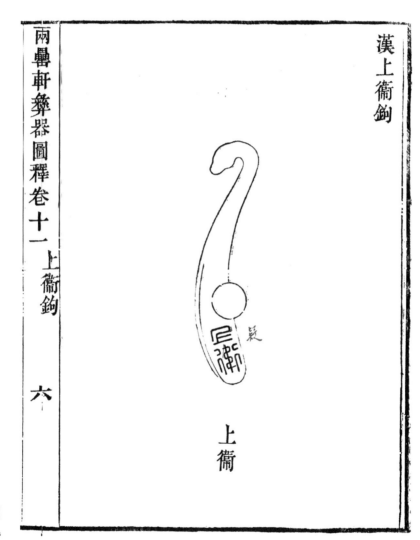

右上衛鈎形制大小如圖重今庫平一兩六錢三分按續漢書百官志有南宫衛士令北宫衛士令隋志有左右衛左右武衛此上衛或與南北左右同義歎再攷

漢君宜高官鉤

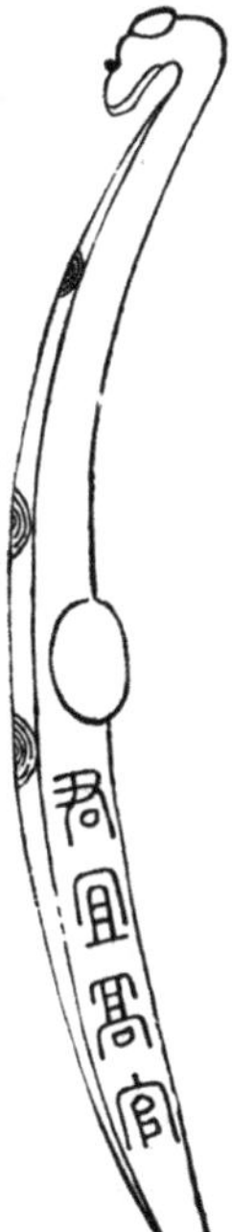

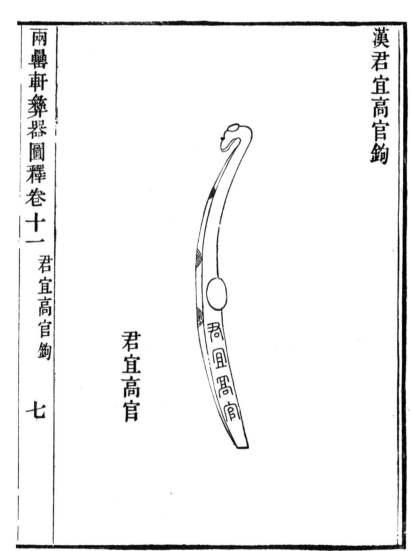

君宜高官

君宜高官鉤

右鉤廣長如圖重今庫平一兩五錢按翁學士兩漢金石記有鏡銘云君宜高官四字大抵漢人鑄鏡鑄鉤多作頌禱之詞此鉤葉東卿師自粵東寄余銀絲塡文製造精樸亦漢器中之佳品也

漢丙午神鉤

阮十、九

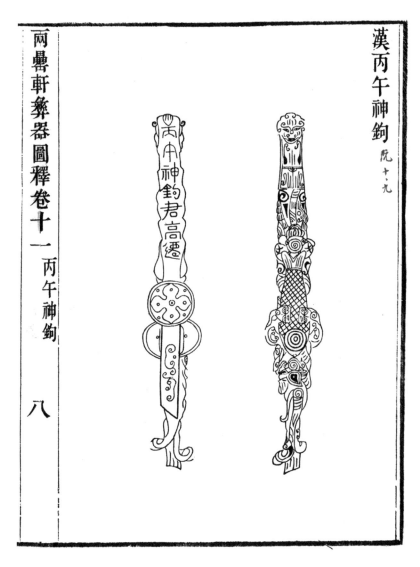

兩罍軒彝器圖釋卷十一　丙午神鉤　八

右鉤廣長如圖重今庫平五兩舊爲阮文達公所藏按丙午者鑄鉤之日君高遷者頌禱之詞鉤嵌金銀絲身作神人鳥喙抱魚食象首作獸面故曰神鉤餘詳阮氏款識

漢徐豐鉤

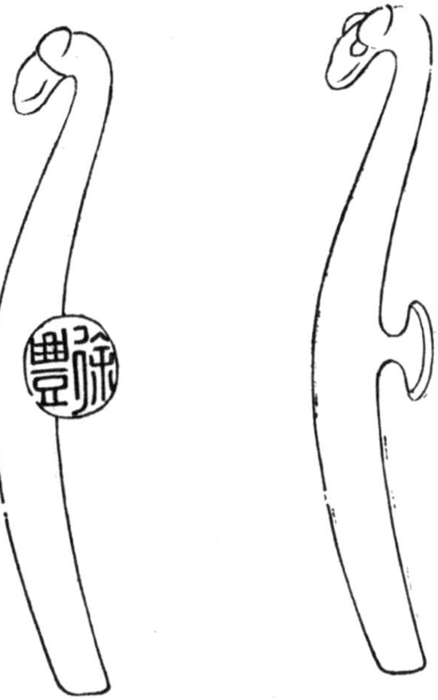

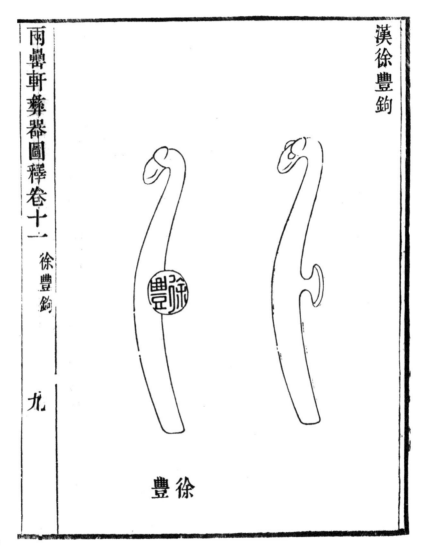

徐豐

兩罍軒彝器圖釋卷十二　徐豊鉤　九

右徐豊鉤形制大小如圖重今庫平二兩五錢二分銘曰

徐豊其人未詳俟攷

漢高陽鉤

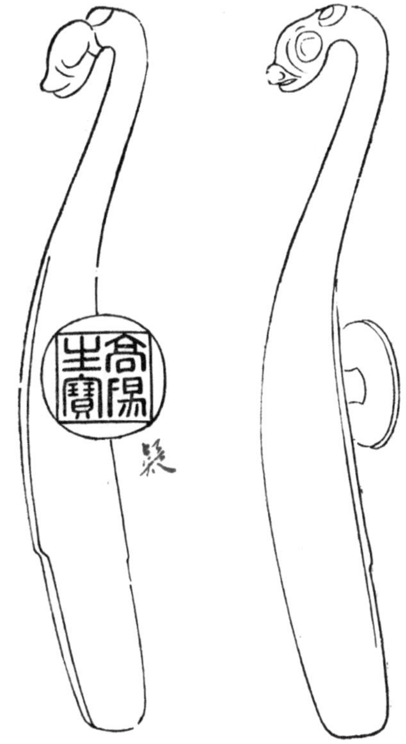

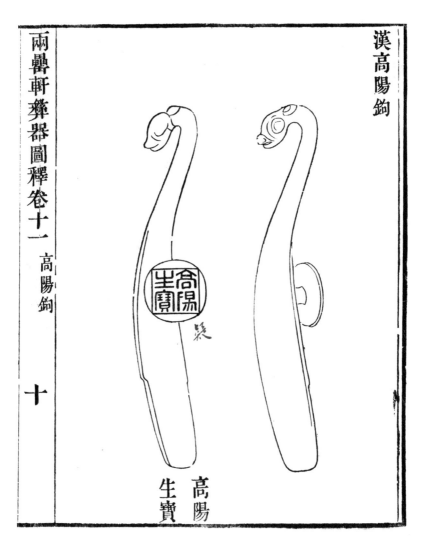

高陽
生寶

兩罍軒彝器圖釋卷十一 高陽鉤 十

右高陽鉤形制大小如圖重今庫平四兩一錢銘曰高陽生寶按左文十八季傳高陽氏有才子八人杜注高陽帝顓頊之號春秋時邾莒麇楚諸國皆高陽苗裔通志載以名爲氏者有高陽氏引吕氏春秋古辯士高陽魋爲證鉤曰高陽乃作鉤者之氏也

漢共鉤

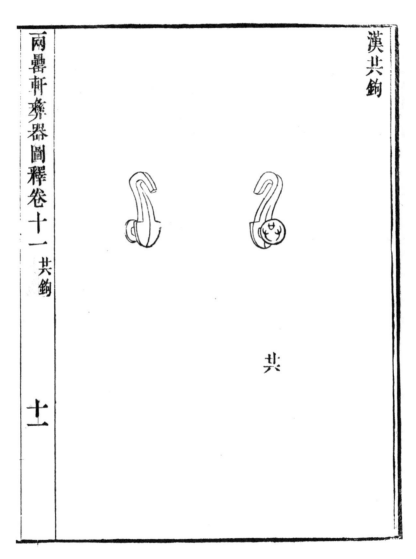

共

兩罍軒彝器圖釋卷十一 共鈎 十一

右共鈎形制大小如圖重今庫平二錢九分按氏族博攷載共工氏之後有三共商之侯國也後以國爲氏鄭公子段曰共叔晉太子申生曰共君皆以謚爲姓前漢匈奴傳太守共友師古曰共友太守姓名也讀若龔

漢萬歲鉤

萬歲

右萬歲鉤形制大小如圖重今庫平八錢七分按水經注桂陽有萬歲山生靈壽木可爲杖漢平帝嘗以賜孔光山下卽千秋水水側居民號萬歲邨廣輿記有萬歲湖在今建昌府南豐縣三輔黃圖汾陽有萬歲宮古銅印中有萬歲單祭尊萬歲左父老里中萬歲諸印桂氏札樸云萬歲里名漢人常取吉語名器如千秋萬歲日利大吉等數數見也

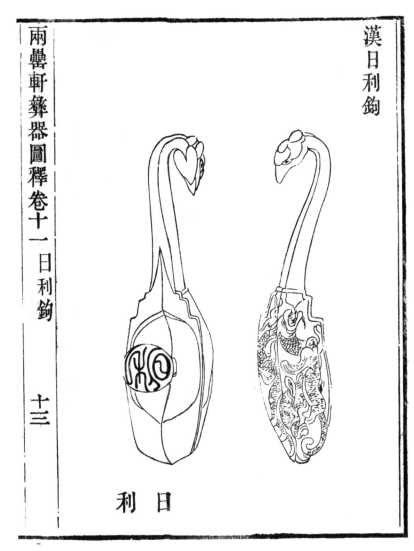

漢日利鉤

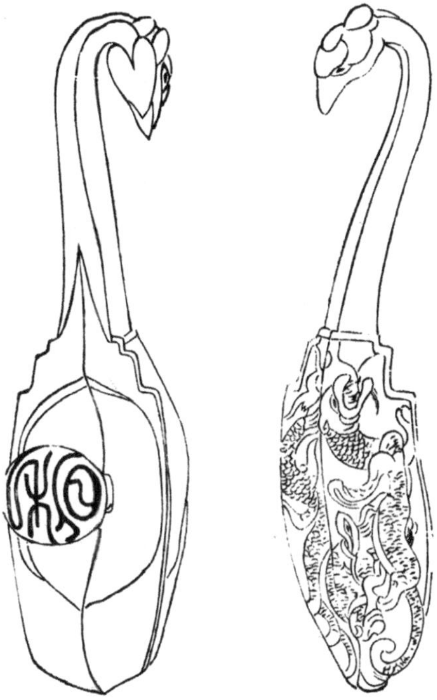

日利

兩罍軒彝器圖釋卷十一　日利鉤　十三

右日利鉤形制大小如圖重今庫平三兩五錢六分日利乃漢人吉祥語也

漢宜用大吉鉤

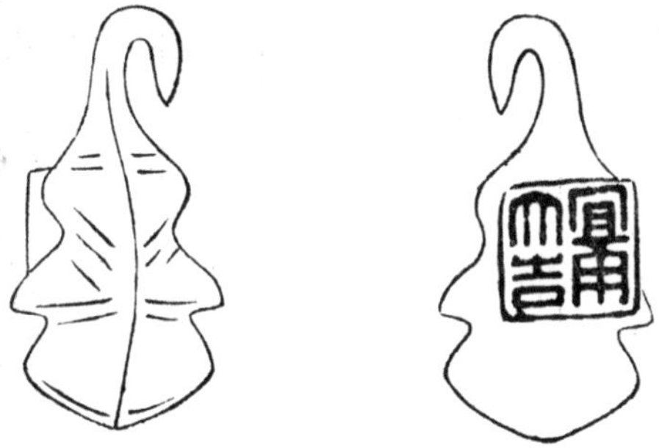

宜用
大吉

兩罍軒彝器圖釋卷十一　宜用大吉鉤　十四

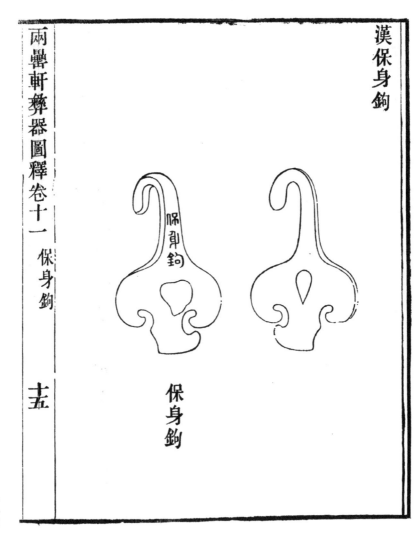

右大吉鉤形制大小如圖重今庫平四錢一分銘曰宜用大吉四字蓋亦吉祥頌美之辭

漢保身鉤

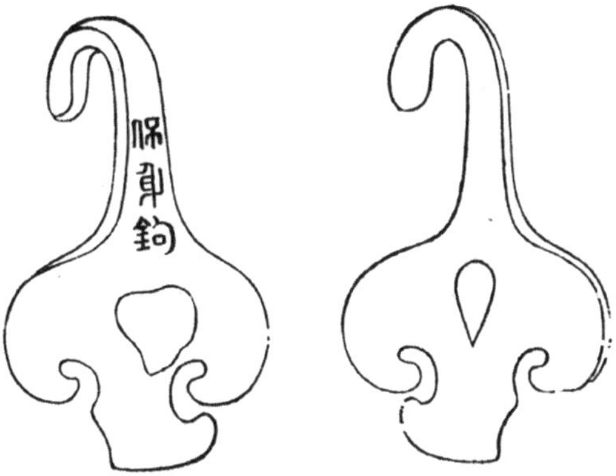

保身鉤

右保身鉤形制大小如圖重今庫平一兩二錢三分銘曰保身鉤按保說文養也賈誼治安策保者保其身體鉤銘保身卽此義也

漢至珍鉤

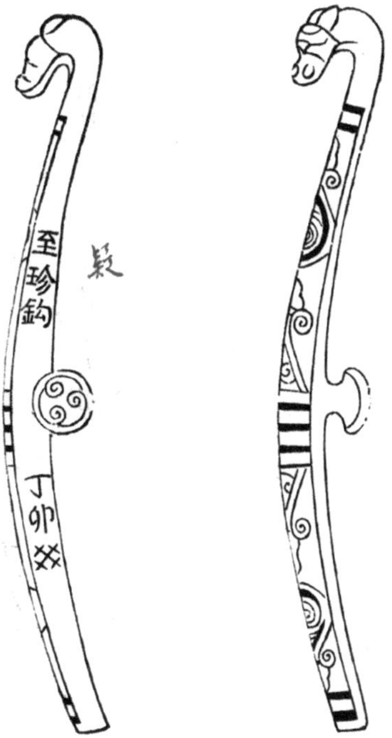

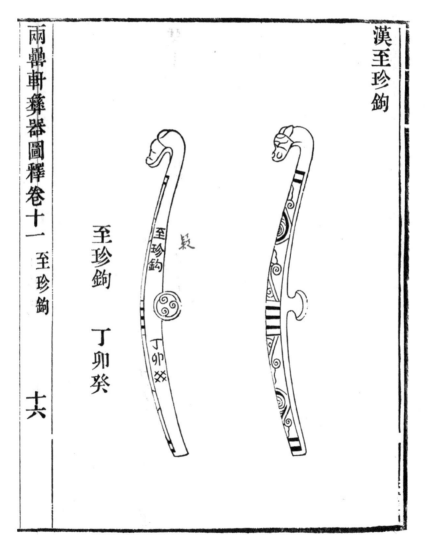

至珍鉤　丁卯癸

右至珍鉤形制大小如圖重今庫平一兩七錢三分鉤銘六字曰至珍鉤丁卯癸銀絲塡文至珍者寶貴之辭丁卯癸者當是鑄鉤之季月自徐豐鉤以下九鉤與上簫一鉤共十鉤皆親家潘季玉方伯所贈

漢千四鉤

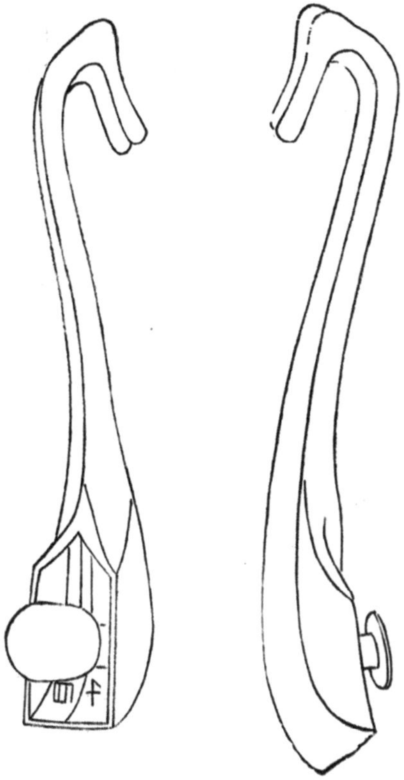

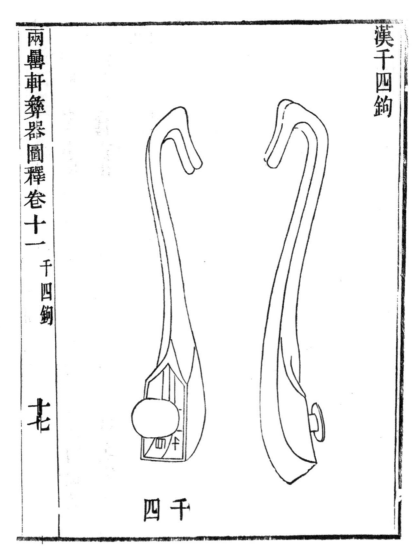

千四

兩罍軒彝器圖釋卷十一　千四鉤　十七

右鉤形制大小如圖重今庫平一兩二錢按是鉤純素無雕飾制作甚古中空有陽款二字曰千四疑是次第之數也

漢長壽連鉤

右鉤

長壽

兩罍軒彝器圖釋卷十一長壽連鉤　十六

右鉤並環皆鐵鑄廣長如圖通重今庫平一兩五錢鉤面反鑄長壽二字環鑄又鉤二字皆陽文積古齋款識有長壽半鉤阮氏云揣其制當更有一鉤文必陽識古人合之以當符券雲按此鉤陽識依阮氏說或更有一鉤陰識者此鉤有環環有又鉤二字說文左右字作𠂇又然則此鉤既有陰陽識以當符券又制環以别左右歟

漢陽文長壽半鉤

長壽

兩罍軒彝器圖釋卷十一　陽文長壽半鉤　十九

右長壽半鉤陽款形制大小如圖重今庫平三錢與阮氏積古齋款識所載長壽半鉤相類銘字有陰陽款古人用以爲合符也

漢陰文長壽半鉤

長壽

兩罍軒彝器圖釋卷十一　陰文長壽半鉤二十

右長壽半鉤陰款形制大小如圖重今庫平二錢九分攷釋詳前

兩罍軒彝器圖釋卷十二

魏太和銅尉斗

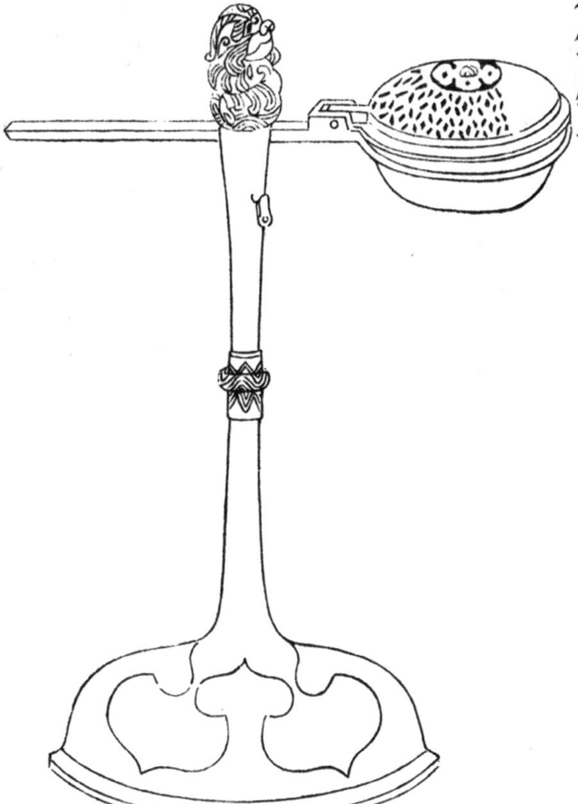

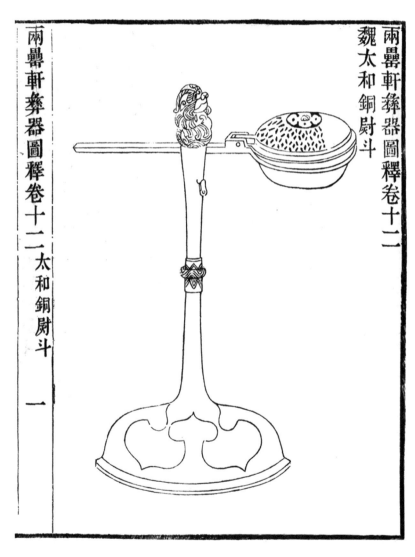

兩罍軒彝器圖釋卷十二太和銅尉斗　一

器高今尺一尺七寸底徑八寸二分重今庫平一百二十

六兩斗徑五寸八分深一寸八分蓋高一寸三分柄長八

寸二分重今庫平九十八兩

太和三年二月廿三日中尙方造銅尉人尉斗重卌四斤十二兩　第百六

兩罍軒彝器圖釋卷十二 太和銅尉斗 二

右太和銅叞斗銘二十九字舊爲沈匏廬觀察濤所藏按太和建元除偏安草竊之後趙石勒成李勢晉海西公外惟有魏明帝與北魏孝文帝耳此器銘曰中尚方造銅尉人尉斗攷說文叞从上按下也从𡰥又持火以尉申繒也徐鉉曰今別作熨非是又攷晉書百官志少府統材官校尉中左右尚方渡江惟置一尚方又省御府史氏謂晉初多承魏制想三尚方亦相沿之制也山左金石志載有正始銅鑪爲黃小松所藏銘曰正始六季五月十五日中尚方造正始定爲魏廢帝年號惟中尚方無攷雲 按魏明帝青龍三季大治洛陽宮起昭陽太極殿築總章觀百姓失

業太子舍人張茂上書力諫其言有奢靡是務中尙方純作玩弄之物炫耀後園等語則中尙方之屬曹魏此爲明證

兩罍軒彝器圖釋卷十二　太和銅尉斗　三

晉丞邑男虎符

晉與丞邑男爲虎符第一

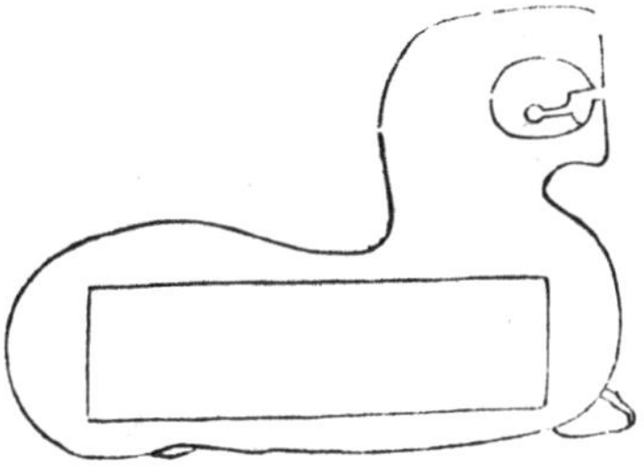

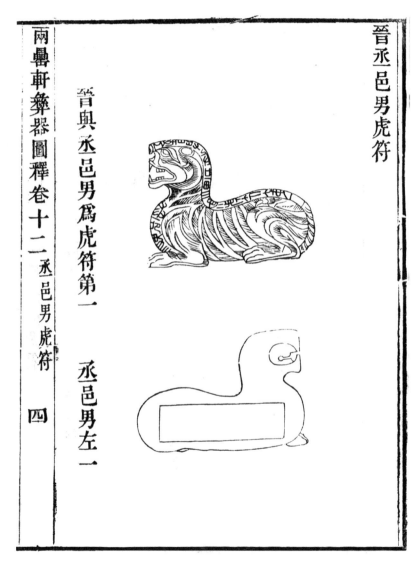

丞邑男左一

右晉虎符半具廣長如圖重今庫平四兩八錢自首至脊文一行云晉與丞邑男爲虎符第一凡十字俱半文蓋合之右則文全也胸下文一行云丞邑男左一五字字俱錯銀按晉書地理志丞爲東海郡十二屬之一又職官志小國不滿五千戶始封王之支子及始封公侯之支子皆爲男今攷晉書諸王等列傳無封丞邑男者或因無事可紀史畧之也此符爲金眉生廉訪所贈張未未有題詠不錄

唐嘉德門巡魚符

兩罍軒彝器圖釋卷十二　嘉德門巡魚符　五

右銅巡魚符形制大小如圖重今庫平五錢一分文曰嘉德門內巡魚腹側有合符二半字攷長安志敘唐皇城西門云承天門之內有嘉德門嘉德門東有恭禮門又云東宮門南有嘉德門嘉德門東有奉化門嘉德門西有西奉化門則知嘉德門乃唐內城之門也此符文曰嘉德門內巡其爲內城門之巡魚符無疑

唐凝宵門交魚符

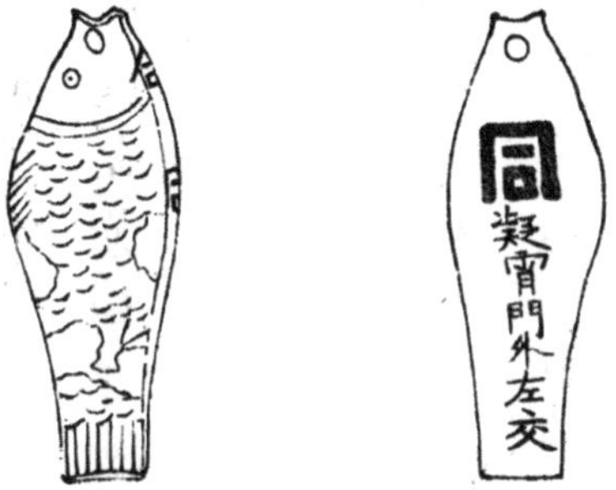

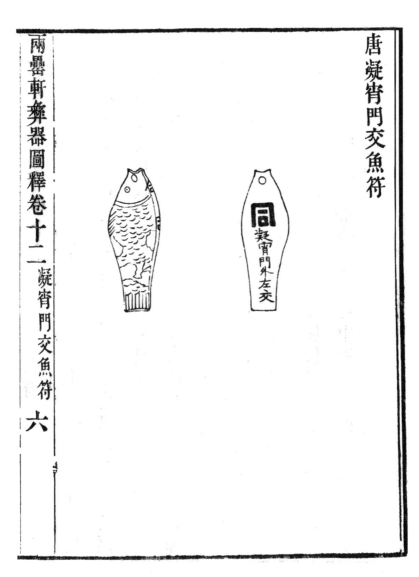

兩罍軒彝器圖釋卷十二 凝宵門交魚符 六

右銅交魚符形制大小如圖重今庫平三錢三分文曰凝宵門外左交魚腹側有合同二半字按唐書車服志初高祖罷隋竹使符頒銀菟符其後改爲銅魚符以起軍旅易守長京都留守折衝府捉兵鎮守之所及左右金吾宮苑總監牧監皆給之畿內則左三右一畿外則左五右一左者進內右者在外用始第一周而復始宮殿門城門給交魚符巡魚符此符文曰凝宵門外左交當爲宮殿城門之左交魚符也惟左不言數而魚腹側有合同二半字或半留於內半給其官當時交魚符中別有此制志書缺畧未可知也

唐右領軍衛魚符

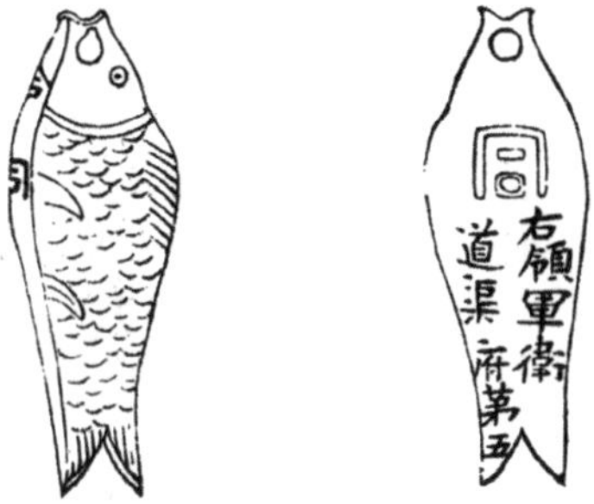

右銅魚符形制大小如圖重今庫平五錢文曰右領軍衛道渠府第五魚腹側有合同二半字按唐書百官志左右領軍衛上將軍各一人大將軍各一人將軍各二人掌同左右衛凡翊府之翊衛外府射聲番上者分配之道渠未詳㸚攷

唐龜符

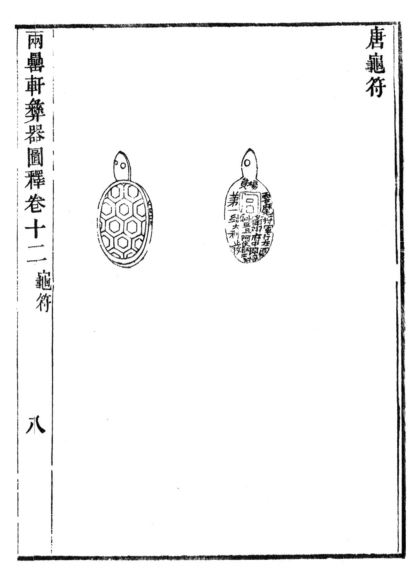

右鉅龜符形制大小如圖重今庫平五錢七分此符舊爲劉燕庭方伯所藏以拓本貽嘉定瞿木夫中溶屬爲攷訂云得於洛陽引張鷟耳目記僞周武姓也元武龜也以銅爲龜符又釋其款文四行云雲麾將軍行左鷹揚衞翊府中郎將員外置阿伏師受纈大利發又末行四字上有第一二字側又有合同二半字并謂武周龜符眞絶無僅有之奇寶也木夫釋之曰攷張鷟朝野僉載二十卷載唐書藝文志云唐爲銅魚符武后以元武爲姓瑞乃爲龜符焉又唐書車服志言高宗給五品以上隨身魚銀袋以防召命之詐出内必合之三品以上金飾袋垂拱中都督始賜天授二季

改佩魚皆爲龜其後三品以上龜袋飾以金四品以銀五品以銅中宗初罷龜袋復給以魚又攷唐六典及唐書百官志雲麾將軍乃武官二十九階之從三品又隋開皇初置驃騎將軍府大業二季改置鷹揚府唐武德初因開皇舊名置是鷹揚之名始於隋惟稱府不稱衞耳又凡左右衞親衞勳衞翊衞左右率府親勳翊衞及諸衞之翊衞統謂之三衞左右衞大將軍各一人將軍各二人掌統領宮庭警衞之法令又有左右親勳翊衞中郎將府中郎將掌領其府校尉旅帥親衞勳衞翊衞之屬其左右驍衞武衞威衞領軍衞皆有大將軍各一人正三品將軍各二人從

三品翊府中郎將各一人正四品光宅元年改左右武衞爲左右鷹揚衞神龍元年復故而攷武后紀有左鷹揚衞將軍劉虔通右鷹揚衞大將軍李多祚左鷹揚衞將軍曹仁師及右鷹揚衞大將軍黑齒常之傳右作左突厥車鼻又諸夷蕃將傳有右鷹揚衞將軍趙懷節亦在武后時而此文左上加行字者唐六典言凡任官階卑而擬高則曰守階高而擬卑則曰行此以正四品之翊府中郎將而階則從三品之雲麾將軍故云行也其官之下又云員外置者百官志序言內外官定制爲七百三十員有員外置其後又有特置同正員而文又云阿伏師受者攷魏書官氏志云阿伏

氏改爲阿氏則阿伏乃虜姓而師受當其人之名也下又
云纈大利發者攷唐書突厥傳言其別部典兵者凡二十
八等皆世其官而無員其一曰俟利發又一曰頡利發又
有曰頡利傳又西突厥傳言統葉護可汗徙廷石國北之
千泉遂霸西域諸國悉以頡利發而攷長安志載趙楷記
奉天縣高宗乾陵諸蕃來助葬之石人背鐫各酋長銜名
等文其末有云大首領可汗頡利發又有云大首領吐屯
纈利發而唐書諸夷蕃將契苾何力傳云九歲而孤號大
俟利發一俟利發上加大字一頡作纈並與此合可知纈
大利發當亦是突厥別部典兵之官名矣當武后時正突

厥寇邊大亂之時而據突厥思摩傳言思摩旣入朝願留宿衞又默啜傳言遣子楊我支特勤入宿衞然則阿伏師受亦必是突厥歸誠之官願留京師宿衞故授以左鷹揚衞翊府中郎將仍係其原官於姓名下以别其爲突厥人也而默啜傳又有右衞左衞左驍衞左武衞等官姓名下言將軍皆員外置又可知此等宿衞之官無定員皆於員外添置猶今所謂額外也故謂之員外置證之史傳載籍無不脗合眞罕有之奇珍也此符文字小而多極爲秀勁流麗其有姓名者蓋因員外置之官非一人亦是隨身所佩而非傳佩者也咸豐六季雲守鎮江瞿木夫嗣君珍之

上舍樹寶館余幕中出示唐龜符攷一篇余愛其援據精確欲求拓本一觀竟不可得後此符與漢張掖虎符唐嘉德門巡魚符凝霄門交魚符領軍衞魚符同裝成匣流轉至於江南爲親家許緣仲方伯所得知雲篤耆遂舉以爲贈逾年世好沈韻初中翰又贈燕庭方伯所刻長安獲古編一册乃知此五符皆爲燕翁所藏余昔季欲求一拓本不可得今一旦幷此符得之謂非金石奇緣耶猶憶辛酉冬間在上海及門張敬仲大令攜示塗金銅龜一具謂爲祖父尗未翁所藏並示拓本後有未翁題記云嘉慶庚辰十二月七日得自仁和趙晉齋唐書輿服志魚袋始自武

兩罍軒彝器圖釋卷十二　龜符　十一

德元年改銀菟符爲銀魚符天授元年九月詔內外所佩魚並作龜久視元年十月職事三品以上龜袋宜用金飾四品用銀飾五品用銅飾上守下行皆從官給神龍元季二月內外官五品以上依舊佩魚袋李玉溪生詩無端嫁得金龜壻辜負香衾事早朝是也武后以元武應瑞故有佩龜之制然不久卽改去以故流傳絶少此金龜爲錢唐梁學士山舟故物眞不可多得之品也余按未翁所藏塗金銅龜形製視此龜符大六倍之厚亦如之並無銘字似非唐龜符之制觀世所傳各魚符則知佩帶之品不應過重或文房書鎭之類未可定也以未翁收藏之富攷據鑒

賞之精而又出阮文達公之門生平所見彝器法物不知凡幾特以未見廬山眞面遂不免寶此葉公之龍使當日獲見此符正不知如何欣賞也因備記之以志余幸惜書成而緣仲已不復見矣爲之愴然

兩罍軒彝器圖釋卷十二龜符　　十三

孟蜀韓文笵

右韓文銅笵十六字其陰面無字形制字文如圖舊爲張
未未所藏云此初刻書時官斂是器以爲模笵也攷韓文
始鐫於蜀則此當是蜀所鐫須者今蜀刻石經間遇墨本
珍于球璧況此爲梨棗初祖案經典敘次易詩固當先春
秋左氏今本異是則此眞舊本韓文惜不得歐陽題後之
本一印證耳

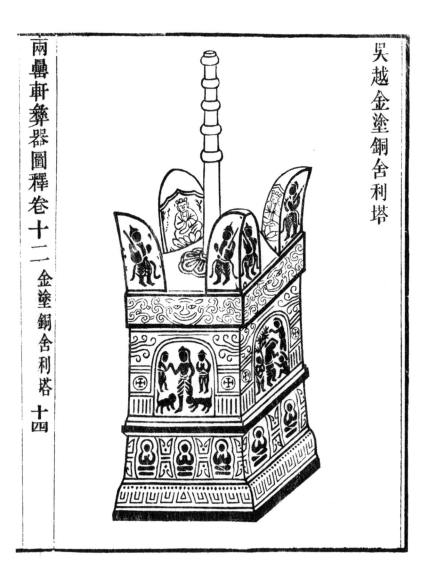

吳越金塗銅舍利塔

兩罍軒彝器圖釋卷十二 金塗銅舍利塔 十四

塔高今尺三寸三分角高一寸一分頂高三寸三分通高六寸六分下口徑二寸四分重今庫平三十兩

兩罍軒彝器圖釋卷十二 金塗銅舍利塔 圡

吳越國王
錢弘俶敬造
八万四千寶
塔乙卯歲記

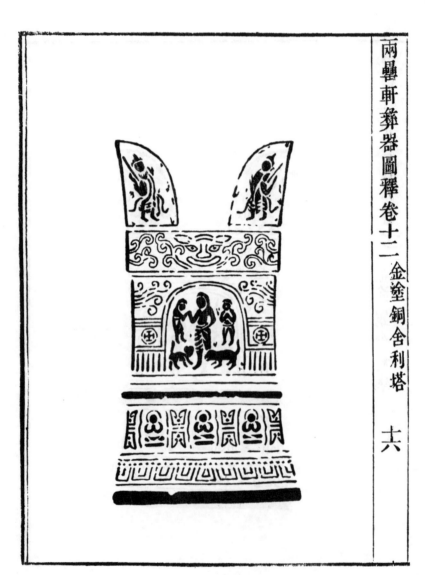

兩罍軒彝器圖釋卷十二金塗銅舍利塔　十六

右吳越金塗塔塔分四面每面中層繪梵夾故事下層皆有三佛象上層共出四角角三稜稜上外八面面一金剛持杵象內成四面面各一佛坐蓮臺上頂作蓮華輪中樹相輪七級上兩級已斷去塔四版用銅汁黏合故世有散成一面者今依塔之形制首繪全圖器縮小四之一復將四面梵夾故事依樣橅取逐面繪出不爽毫髮按第一面佛象盤坐左二人一立一坐右一人立作拱侍狀前有二獸似犬形此面內鑄楷書十九字云吳越國王錢宏俶敬造八萬四千寶塔乙卯歲記下別有一保字第二面一佛屈一足坐左旁二人一立一坐右旁二人立作持杵狀第三面佛

立象左右各一人前有二虎佛佗割肉飼虎狀周文璞詩
上作如來舍身相飢鷹餓虎紛相向是也第四面一佛俯
首一人持刀加其首一人承其下後有一人抱寶樹一枝
此當是月光王捐舍寶首事也宏俶字文德以犯宋宣祖
偏諱史乃單行爲武肅王鏐之孫元瓘之子佐之弟薛居
正五代史漢乾祐元季胡進思廢琮迎俶立之是爲戊申
歲茲塔造於乙卯爲俶嗣立之八年周之顯德二季也湖
南通志金石門載忠懿王在吳越時嘗以七寶造阿育王
塔八萬四千銅鑄八萬四千鐵鑄八萬四千紙絹印福嚴
寺有七寶塔舊置於方丈他日既經灰燼巨鐘大石皆鎔

裂獨此塔不變人謂忠懿王願力也嘉興張尗未藏有鐵舍利塔云吳越舍利塔一見表忠譜一見程嘉燧破山寺志一見曝書亭集蔣爾齡所施白蓮寺之一版今皆不存存者吳門毛子文人字編號之版然已不全全者惟有朱文正公所得之保字編號一塔耳今已敬進

天府人間眞同景星鳳皇矣尗未所藏鐵舍利塔余曾目諗四面圖繪與此金塗銅塔均相似惟少內面十九字與保字耳此塔所繪梵夾故事極爲簡古大有武梁祠畫象筆意塗金處至今猶光彩奪目余於甲子歲暮得於蘇城市肆其時省垣收復未久往往有古器物出售人少過問

價亦不甚昂貴不數季收買者漸多市賈居奇尋常習見之品稍堪入目者價便不貲好事者不惜重值務購去而後已若此塔在今日余又安能與之豪奪耶此中固自有香火緣也仗吾佛之靈不望增積功德但望消除煩惱瓣香供奉慰此暮年是則余之涙願也夫

兩罍軒彝器圖釋卷十二金塗銅舍利塔　十九